自分というジレンマ

● 批判・反抗・反問する私たちの射影

田島 司 Tsukasa Tajima

Dilemmas: The Origin of Oneself

ナカニシヤ出版

まえがき

　生まれた時から視覚を失っていた人が大人になってから視覚を得たとしたら，周囲の光景はどのように見えるのでしょうか。これは古くから哲学者たちの好奇心を刺激した問いの一つでした。現代の医学では角膜や水晶体等の外科手術によって後天的に視覚を得ることが可能になったので，開眼者は術後たちまち普通に「見える」というわけではないことがわかっています。最初は光の明暗を知覚するのが精一杯で，光源の方向すら言い当てることはできません。色の違いを区別することや，図形の大きさや形などを知覚するにはさらに困難を要すると言います（鳥居, 1976; 梅津他, 1987）。長期間のリハビリテーションをすることで，徐々に，外から入ってくる光の姿がしっかりと「見える」ようになってくるのです。

　では，もし生まれてからずっと無人島で暮らしていたとしたら「自分」という感覚はどうなるのでしょうか。この問いは容易に実験して解き明かすことはできませんから現代でも難問です。社会と自己とが完全に表裏の関係であるならば，社会のない所で育った人はわれわれのように自己を顧みることはできないかもしれません。

　一つのヒントになりそうな事例があります。両親からの養育放棄

によって社会からほとんど隔離されていた5歳の男の子の例です（藤永他, 1987）。保護された後にようやく普通の社会と出会い，他者との交流の中で育ち始める貴重な記録が残されています。この男の子は，保護された当初は言葉を話すこともできず一人遊びしかできませんでしたが，養育担当者との関係が深まるとともに，自分の名前を言ったり自分の好き嫌いを話したりできるように急成長したそうです。やはり，社会とのさまざまなかかわり合いを通じて自己がつくり上げられていくという部分がかなり大きいのだと思われます。

　社会とのかかわりが複雑にならざるをえない現代では，自己の有り様も複雑になっています。そして，生き延びることそのものが大きな関心事だった時代とは異なり，複雑な自己の存在とどのように付き合っていけばよいかということが避けて通れない問題になってきているのです。

　と，このような話をすると，「自己なんて，みんなそんなに気にして生活しているのですか」といぶかしい顔をされることが時々あります。確かに，自己というものをいつも意識しながら生活している人は実際のところそれほど多くはないでしょう。「自分探しの時代」などと言われることもありますが，すべての人が自分探しに必死になっているわけでもありません。

　自己というものを気にしない人もいるという仕組みは，自転車に乗る時のバランスの取り方に似ているところがあるように思います。自転車に初めて乗る人は，最初の内は転ばないように必死になりながらバランスの取り方を体で覚えていく必要があります。しかし，その内に慣れてきて他のことを考えながらでもまっすぐ走れるようになるものです。このような，「うまくいっている時にはあまり気にしない」というところが自己とよく似ています。しかしながら，慣れていてほとんど意識をしない人も，バランスを取るための

複雑な動作を巧みに行っているのが事実です。

　つまり，自己の研究では「本人が考えたり感じたりしていることそのもの」だけを対象としているのではなく，より客観的な視点から，「そこで起きていることのメカニズム」を探っているのです。自転車が右に傾いたらハンドルを右に切り，左に傾いたら左に切ると傾きがまっすぐに戻るということは乗っている人も気づいていないかもしれません。転ばないようにと慎重になりすぎるよりも，ある程度は思い切ってスピードを出したほうがまっすぐ走れるとか，下を向いて近くを見るより顔を上げて目指す先を見たほうがよいなどというところも，「自分というジレンマ」とよく似たところがあるように思います。

　「自己」が「自転車に乗った人」であるとすれば，「社会」は「地面」です。現代社会が「自分探しの時代」と言われることがあるのは，自転車の例で言えば，でこぼこ道であったり地震で地面が揺れたりすることに似ているのかもしれません。自転車に乗るのが慣れている人でも，少しはバランスを取るのが難しくなっているのでしょう。これをうまく乗りこなし，社会を爽快に駆け抜けるための操作法を手に入れることができるのであれば，それを欲しがる人は少なくないはずです。

　これまでの社会心理学では，社会と自己の関係の中でも「社会→自己」の側面を扱った研究が多かったように思います。社会とのかかわりによって自己がどのように変化するかを探るもので，同調や態度変容，動機づけなどの研究が典型的です。また，自己心理学では，個人の頭の中にある静的な自己を切り取って議論することがほとんどでした。

　一方で，「自己→社会」の力動的な側面を扱った研究は多くはありません。本書はこの側面に特に焦点を当てて，一人ひとりの自己が何を求めて社会というかかわり合いをつくっていくのか描いてい

こうと思います。自己が求めるものを大事にして他者にかかわろうとしても，そこにはジレンマがあってなかなかうまくいきません。一つのジレンマを乗り越えることで次のジレンマが生み出される，という皮肉なストーリーをたどりながら自己と社会は統合されて高度に発達していくのです。そのような自己と社会のもどかしいかかわり合いと成長のメカニズムを辿っていきたいと思います。

目　次

序章
外界適応と内界適応

　生き物は外界に適応しながら生きています。周りの環境に合わせて生きていくために，自分の行動を調整したり自分自身を変化させたりしているということです。われわれ人間も例に漏れず，原始の頃から懸命に外界とかかわりながらそこに適応してきました。その頃に比べれば少しは上手に外界適応できるようになってきているのかもしれません。人類は深海から宇宙空間にまで到達し，食糧事情の向上により先進国では肥満が問題となるほど豊かになり，情報技術の発達により地球の裏側にいる人とリアルタイムでコミュニケーションすることができるようになるなど，外界適応については目覚ましい発展を遂げました。

　しかしわれわれ人間が重視している世界は外界だけではありません。心の中にある内界に適応することにも懸命なのです。外界への適応が非常に進んだ現代においても，われわれ人間は内界への適応には相変わらず手こずっていると言ってよいでしょう。さらに言えば，外界への適応と内界への適応には相反する部分が含まれるため，ときに矛盾する要請を生み出すようなジレンマが生じることがあります。これらを両立させるにはどうしたらよいか，という難問はわ

れわれの目前に立ちはだかったままなのです。

　まずは，内界とは何か，外界と内界はどのような関係にあるのか，という説明からはじめましょう。

1　雑談や無駄話は人間ならでは

　ハキリアリというアリをご存知でしょうか。人間も顔負けのチームワークで農業を営んでいるアリということで有名です。中南米に生息しており，ジャングルだけでなく街なかの広場や空き地などにもいるそうです。ハキリアリはその名のとおり木に登ってたくさんの葉を切り取り，それを咥えたまま長い行列をつくって巣に持ち帰ります。葉を運ぶアリたちが歩く道がいつもきれいで歩きやすく整えられているのは，ゴミなどを取り除く整備係のアリがいるおかげです。咥えられた葉の上にもアリが乗っていて，それは葉を運ぶアリたちを狙う寄生バエを追い払う仕事をしているそうです。

　地中を覗いてみると，巨大な巣は何千もの小部屋に分かれており，そこに運びこまれた葉はキノコの一種を植え付けるための菌床となっています。菌床は弱酸性に保たれ，部屋は一定の温度と湿度に維持され，抗生物質まで駆使しながら農場を管理していくことで，ハキリアリは何百万匹もの群れが暮らせるほどの食料を自給しているのです。それほど高等な生物とは言えないはずのハキリアリですが，このような農耕生活は人間のそれと比べても遜色ないほどのレベルであると言えるでしょう。

　外界適応という点では人間並みのところがあるハキリアリですが，やはり人間とは異なるところがたくさんあります。その内の一つは働く様子に現れています。大人数の人間が同じような作業をしている情景を思い浮かべてみると，ハキリアリのように淡々と黙ったまま作業ばかりしているとは思えません。強制収容所のような特

殊な状況なら別ですが，大抵の人間は仲間と一緒に何かをしている時などは多少の雑談や無駄話をしている方が普通でしょう。取り立てて意味のないように思える雑談や無駄話ですが，これが人間らしい特徴の一つであり，後で述べるような重要な問題にも結びついているのです。

　ところで雑談や無駄話というのはいったい何を話しているのでしょうか。例えば定番の話題の一つは天気です。「最近すごく暑いね」「ほんとに今年は異常だよね……」。ここでは，自然環境の天候についてどのように認識しているかが会話されています。また，こんな雑談や無駄話もあります。「私，すごく人見知りするんだよね」「そうなんだ，私も昔はそうだったけど……」。ここでは，自分の行動や心理の特徴をどのように認識しているかが語られています。これらはほんの二つの限られた例でしかありませんが，さまざまな雑談や無駄話の内容をくまなく考えてみても，結局のところ雑談や無駄話は各自の内界について語り合っているものだと言えます。内界とは外界適応についての認識です。その中身はと言えば，外界はどのようなものであり，自分はどのようなものであり，それらがどのようにかかわっているかという認識です（図1）。

図1　外界とのかかわりと内界

2 自分と外界とのかかわりを認識する

　外界の事や自分の事に関してすべての情報を認識していたらきり
がありません。適応しなければならない部分を特に重視して認識す
るはずです。例えば天気について言えば，われわれは気温や降水確
率をよく気にしますが，それは上着を着ていくべきか，傘を持って
いくべきかという，自分がいかに適応するかにかかわる問題だから
です。漁業関係者でもなく海のレジャーもしないのであれば波の高
さの予報はあまり気にしませんし，火山が近くになければ降灰予報
を話題にすることはほとんどないでしょう。自分に対する認識も同
様で，勉強やスポーツが得意か，仕事の能力は十分か，などの認識
を気にすることはあっても，自分の爪の形が丸いか角張っているか，
利き目が右か左かなどは，あまり気にしないことでしょう。外界適
応にかかわることを中心とした認識が内界となっていくのです。

　それから，山は低ければ登りやすいですが，あまり高ければそう
簡単には登れません。つまり外界適応は外界の内容次第で決まって
くるところがあります。しかし一方で，足腰が弱ければ低い山も登
れず高く感じますが，健脚なら高い山も楽に登ることができて低く
感じるということがあるでしょう。つまり外界適応というものは，
外界と自分自身とのかかわりの中にあり，外界適応を認識したもの
である内界も，外界の認識と自分の認識が混ざり合ってできている
はずです。そのような内界を話している雑談や無駄話というものは，
言い換えると世界観と自己観が混ざりあったものを話題にした会話
だと言ってもよいでしょう。世の中について思っていること，自分
自身について感じていること，自分と社会との関係について考えて
いることなど，そういうことを話しているのです。

　ハキリアリのように外界適応に優れた生き物は他にもいるかもし

れませんが，これほど雑談や無駄話に時間をかけているのはやはり人間だけです。雑談や無駄話とはその名のとおり，仕事とは無関係だったり，むしろ仕事の手を止めてしまったりするなど悪影響さえもたらすものです。つまり外界適応のためにならないにもかかわらず，心の中にある内界について，つい誰かと会話してしまうのです。これは人間の大きな心理的特徴の一つと言えるでしょう。

　人間も他の生き物と同じように外界適応を重んじているのは当然です。交通事故を起こさないように車を運転し，仕事は要領よくこなし，食事や睡眠をしっかり取る……。そして会話の中でも，仕事の計画を議論したり，部下に指示を出したり，リーダーに報告をしたりする時のように，外界適応に必要なものもあり，それらはもちろん重視されています。しかし，一見したところそれらの役に立つとは思えないような，内界を伝え合う雑談や無駄話というものが世界中で頻繁に行われています。同じような内容は独り言として発せられたり日記に書かれたりすることもあるでしょう。これらのことから，人間が内界というものをいかに大事にしているかがわかります。

　人間が外界と内界の両方を大事にしているといっても，人によって偏りがあるかもしれません。ユング（1967）は『タイプ論』の中で，どちらに関心を多く向けるかによって二つのタイプ，すなわち外向型と内向型に分かれると指摘しています。外向型は関心が外に向き，外界に適応するよう自分自身が変化します。それに対して内向型は関心が内に向き，内界に適応するよう外界からの取り入れを変化させます。ユングはこの違いが生物学的な適応の根本的に異なる二つの方略にも重なるものであると説明しています。前者は，自然界に広く出ていき，自己防衛力は低いが外に向けてエネルギーを使うというもの，そして後者は，外界の要求に防衛線をはり，自分自身のために安全な陣地を築いて自己保存するというものです。

　外向型は，客観的な事実や状況に応えるように自らを方向づけて考え，感じ，行動していると言います。まさに外界適応を重視した生き方と言ってもいいでしょう。しかし場合によっては外の方を向きすぎて自分の身体の健康にも注意が向けられなくなることもあるとユングは指摘しています。また，内向型は，外界から入ってきた刺激が主体の中で布置されたものを拠り所にして自らを方向づけます。まさに内界を重視した生き方です。しかし，場合によっては外界の客体から自身を守ることに神経をすり減らし，新奇の客体に恐怖や不信の念を起こし，一種独特の気後れが生じることもあると指摘しています。

　他のタイプ論と同様に，実際には中間型や混合型が多いという批判もあるでしょう。しかし着目すべきところは，どちらに重きをおくかの個人差はあれども，外界と内界に適応することが人間にとって同等に重要で普遍的であることです。また，どちらかに重きをおく二つのタイプに分かれやすいのだとすれば，外界と内界に適応することがそれぞれ相反するものであり，葛藤しやすく両立が容易でないことを意味しているのかもしれません。

3　外界適応の結果としての内界

　内界は基本的には外界適応の結果としてつくられていくものです。もし仮に，生まれてからできるだけ外界とかかわらせないようにして育てた人間がいるとしたら，われわれと同じような豊かな内界が構築されているとは考えられません。外界適応についての認識が内界であるからには，やはり基本的には外界適応が先にあるはずです。例えば，ある外敵を倒した経験によって，その後は外敵を弱い存在であると感じたり自分に自信をもったりするように，内界が外界適応の結果としてつくられていくという経験主義的な説明が可

能です。

　外界適応が思うようにできないという経験をさせると，「自分は
どうせ何もできない」というような内界をつくってしまうこともあ
るようです。次のような心理学の実験が行われています。大学生の
実験参加者を集めて2つの群に分け，一方にはボタンを押すことで
大音量の雑音を回避することができることを経験させ，もう一方に
はそれを押しても回避できないことを経験させます。すると自分の
思いどおりに雑音を回避できなかった人たちは，その後のもっと簡
単な課題を学習する時にもうまくいかなくなってしまうのです
（Hiroto, 1974）。その理由は，外界適応が思うようにできないとい
う無力感が広がってしまうからです。そのような内界をつくり出し
てしまうことで抑うつに似た状態になってしまうと考えられていま
す。

　興味深いことに，嫌なことを自分で避けることができないという
経験だけが悪影響をもたらすのではありません。良い出来事があっ
た時にも，それを自分でコントロールできないという経験をするこ
とで同じような悪影響がもたらされます。自分では外界をコント
ロールできないという諦めが内界に広がってしまうのでしょう。

　外界での新たな体験が内界を一変させて世の中が今までと違って
見えた，などの例が紹介されることはよくありますが，中でも宇宙
飛行士の例は内界の大きな変化をともなう興味深いものです。宇宙
空間という人類にとってまだ多くの謎を含んだ外界での稀有な経験
が，彼らの内界に特別な影響を与えたことがこれまで数多く語られ
ています。

　宇宙飛行士たちへの綿密な取材にもとづいて執筆された立花隆の
『宇宙への帰還』（立花, 1985）によると，アポロ15号に搭乗したジ
ム・アーウィンは，宇宙でのさまざまな体験をとおして，より広い
視野のもとに世界を見るような新しいヴィジョンを獲得したとい

い，帰還後はNASAを辞めて宗教財団をつくり，その世界観を各地で講演して回ったと言います。また，スカイラブ4号の乗組員となったエド・ギブスンも，宇宙から地球を眺める経験や，船外活動で宇宙空間に浮かぶ経験などをとおして，宗教心が高まったことに加えて，環境問題や生命存在などに対する考え方が大きく変化したと伝えられています。

　日本人で初めてスペースシャトルに搭乗した毛利衛も同様に，宇宙飛行中にふと地球を眺めている時，自分がもつ世界観に大きな変化があったと語っています（毛利, 2012）。そしてこれをきっかけに，森羅万象の見方についての自身の考えを「ユニバソロジ」として体系立てています。

　私の身近な例ですが，大学生の内界は就職活動を経験するなかで大きく変化することを教員として毎年実感します。学生同士の関係がほとんどだったそれまでの生活から一変して，就職活動では多くの社会人と出会い，試験や面接で真剣勝負を繰り返し，自分自身に対する厳しい評価を何度も受けます。これを経験することで大学生の雑談や無駄話も変わるのです。急に大人っぽい世間話をしてきたり，自分が今までいかに子どもだったか気づいたと打ち明けてきたりするなど，内界の急成長にいつも驚かされています[1]。

　また，自分自身を明確に理解しているかを測定した調査（Adam et al., 2018）では，母国を離れて他国で生活した経験が長くなると自分自身を明確に理解するようになると報告されています。私が日本の大学生を対象に行った同様の調査では，恋愛経験が同じ効果をもっていました（田島, 2018）。どちらも自分とは異質な習慣や価値

---

[1]　大学生が就職活動をとおして自己成長することについての複数の研究を概観した増淵（2019）の論文では，就職活動量が多く困難度が高いほど自己成長感が高まる可能性があり，職業選択に悩む過程で自己概念が明確化されやすいと考えられています。

観をもつ他者とのある程度持続的な協調が求められる経験と言ってよいでしょう。そのような社会的経験が，まさに己を知ることにつながるようです。

4　外界適応と内界にはズレがある

　内界は基本的には外界適応の結果としてつくり出されるといっても，完全にそれに従属した複製のようなものができるわけではなく，内界の内容は外界適応の内容と異なる場合があります。例えば，同じ社会で同じように生活していても，世の中を楽観的に見ている人もいれば悲観的に見ている人もいます。それほど偏った人付き合いをしていなくても，人というものに対して性善説に当てはめて見る人もいれば性悪説に当てはめて見る人もいるほどです。

　自己観についても同様です。例えば，実績や経験にもとづかずに高い有能さの感覚をもっている人もいます。つまり，根拠もなく自分の能力が優れていると思っている人です。そのような感じ方は「仮想的有能感」と呼ばれていますが，これまでの研究では，例えば，友達に無視されたり，人に叱られたりしたという対人場面での否定的出来事を経験している人の方が，むしろ仮想的有能感が高いという報告もあります（速水他，2005）。

　一方で，成功体験もあって周りからみれば能力も十分だと思えるのに，まるで自信がなさそうにしている人もいます。例えば，一般的に日本人は自尊感情が低いということが以前から指摘されています。自尊感情というのは，自分を価値ある存在だと評価して満足するという，自分に対する肯定的な態度のことです。これは内界にある自己観の中でも特に重要な部分だと言えるでしょう。この自尊感情について調査されたものをみると，日本の大学生はアメリカの大学生よりも低く（Kitayama et al., 1997），小中学生を調査したもの

でもドイツやオランダより低いという結果です（古荘, 2009）。
2017年に行われた，アメリカ，中国，韓国の高校生との比較調査
では，2010年の結果に比べれば幾分か改善しているものの，やは
りいずれの国よりも低かったことが報告されています（国立青少年
教育振興機構, 2018）。日本の若者は自分をあまり肯定的に思ってい
ないということです[2]。

　日本の若者たちの外界適応が特に低レベルだということはもちろ
んないはずです。知力や体力の面から見ても十分であることは明ら
かですが，それにもかかわらず自尊感情が低いということは，外界
適応に完全に対応して内界が構築されるわけではなく，そこには幾
分かズレが生じていることを示しています。

　また，リップマン（Lippmann, 1922）は外界を真の環境と呼ぶ
一方で，心の中でつくられたイメージである世界像を疑似環境や虚
構と呼んでおり，いかにもズレがあるというような区別をしていま
す。彼の関心事は，公的な事柄についてのイメージである世論につ
いてですが，頭でつくり上げた実像ではない世論に刺激されて現実
の環境で行動してしまえば，すぐに矛盾があらわになると警鐘を鳴
らします。そうなってしまうのは，真の環境が大きく複雑で非常に
多い情報量をもつのに対して，われわれはそれを処理するような能
力を備えていないために，外の環境とは必ずしも一致しない，より
単純に再構成したモデルを頭の中でイメージしてしまい，それにも
とづいて行動してしまうからだと言います。

2　質問紙法ではなく，意識しない態度を測定する潜在連合テストを用いてアメリカ
　人や中国人と比較した研究もありますが，その場合には日本人の自尊感情は低く
　はないことも報告されています（Yamaguchi et al., 2007）。

5　内界をつくる学問という営み

　内界が外界適応とまったく同じでないのは，実体験からある程度
独立して内界だけが変化することも理由の一つです。例えば，子ど
もの頃に起きた出来事を親と一緒に思い出しながら語り合うこと
で，過去に対する新たな解釈が加えられ，実体験は変わらなくても
それについての認識だけが変化することがあります。また，芸術作
品を1人で鑑賞し，しばらくしてから他の人の感想を聞くと，最初
にもっていた作品への解釈が後から変化することもあるでしょう。

　特に学問という人類の営みは，内界を広く深く充実させようとす
る人々のたゆまぬ努力の結晶であり，これを修得することで内界を
大きく豊かに成長させようとするのが，教育というものの一つの目
的だと言えます。学問は，人文科学，社会科学，自然科学などの分
野に分けることができ，研究の対象や目的が少しずつ異なっていま
す。福澤諭吉の『学問のすすめ』の中に，天文，地理，機械，数学
などは役に立つ有用な学問であるという一文がありますが，やはり
自然科学に含まれる研究の中には外界適応に寄与するものが多いよ
うに思われます。

　自然科学が対象とするのは，人間の外部にある世界の総体として
のいわゆる「自然」です。自然科学に「自然」という語が付いてい
る理由は，人間が自らにとって外なるものと見る世界を意味するも
のが「自然」と表現されているからです。人間と対比される「自然」
は征服しなくてはならない障害物であるという西洋に特徴的とも言
える思想が背景に含まれているためであり（Campbell, 1953），こ
の場合の「自然」とは人が適応すべき外界であると言ってよいでしょ
う。例えば，医学の研究対象は人間ですが，その場合の人間とは病
気や怪我を治療する目的の対象であり，「治したい」という主体と

しての医療者に対比される人体がその対象なのです。つまり，もともと自然科学は外界適応を促進するための学問だったのが始まりです。現代社会の豊かな暮らしの多くは自然科学の分野の研究成果によるところが大きいことは疑う余地がありません。

　ただし，自然科学の中には外界適応に直結しない基礎的分野や純粋科学もあります。例えば，宇宙の始まりを解き明かす研究や，恐竜の絶滅の謎を追う研究などは，外界適応に役立つ部分はそれほど多くないかもしれませんが，長い間われわれの好奇心を刺激し続け，今日でもロマンを感じさせる壮大なテーマです。このような研究は，「世界はいったいどのようなものか？」「われわれ人間がどこから来てどこに行こうとしているのか？」などの問いに立ち向かうものであり，世界観や自己観を豊かにするような研究成果をわれわれに提供するものです。

　そして，人文科学や社会科学などのいわゆる「文系」の学問分野にも，外界適応に寄与する研究はありますが，必ずしもそうでない研究が多くあります。2015年に文部科学大臣から全国の国立大学に対して出された文書の中に，「文系学部不要論」とも受け取れそうな内容が含まれており，「社会的要請の高い分野への転換に積極的に取り組むよう務めること」と記載されていたことから大きな話題となりました。大学で教える学問に対して外界適応に資することを期待する意見が反映されているように読めたのです。いわゆる「文系」の分野の研究は，すぐに役立たせるということよりも知的好奇心をかきたてられるから探究するという場合が多く，世界観や自己観を豊かにするという，まさに内界を充実させることそのものが目的で行われている部分があり，それが大きな存在意義であると言えるでしょう。

　映画『男はつらいよ』シリーズのある作品の中で，「何のために勉強をするのか」という質問に対して主人公の寅次郎が「……勉強

したヤツが，自分の頭できちんと筋道を立てて，はて，こういう時
はどうしたらいいかなと考えることができるんだ」と語る場面があ
ります[3]。考えることで有効な具体的手立てが見出される場合もあ
るでしょうが，結果的に選択される行動が考える前と変わらないこ
ともあるでしょう。考えたからといって，いつも客観的に良い行動
がとれるとは限らないはずです。その場合，勉強は無駄だったとい
うことでしょうか。そうではないはずです。勉強によって世界と自
分の関係が整理されて見えてくること，そのような内界の充実をわ
れわれは求めているのです。それが外界適応に役立つことも時々あ
るという程度ではないでしょうか。

　ちなみに，人文科学や社会科学に含まれている「科学」という語
は英語の"science"の訳であり，さらに語源をたどればラテン語
の"scientia"に行き着きます。フランシス・ベーコンによる有名
な言葉"scientia est potentia（「知は力なり」）"にも含まれている
ことからもわかるように，元来は「知ること」「知識」などという
広い意味をもっています。つまり，英語の"science"や日本語の「科
学」という語も広義には学問や知的な営みを広く意味しているので
す。科学というと，いわゆる「理系」の学問分野にのみ使われるイ
メージがあるかもしれませんが，あらゆる学問が，広義の科学とい
う「知ること」そのものを求める営みに含まれます。

6　内界に適応しつつ外界にかかわる

　教養を深めようと本屋で本を選ぶ時や，大学でどの授業を履修し
ようかと科目を選んだりする時，誰と雑談や無駄話をしようか考え

3　これは『男はつらいよ　寅次郎サラダ記念日』（1988年　松竹株式会社）の中の
　ワンシーンです。

ている時などのことを思い出すと，これらの選択肢の中に，自分に合うかどうかとか,好き嫌いのようなものがあることに気づきます。また，大学では学生に授業評価アンケートを回答してもらいますが，その中には「この授業を受けたことで，……と考えることができるようになって良かった」のような感想が時々ありますし，雑談や無駄話をすることで「この人の考えを聞いたら気持ちが楽になった」と思うこともあるでしょう。つまり，外界のことや自分のことを，単に正しくわかればよいというわけでもなければ，それらをどのように考えるようになってもよいというわけではなく，ある特徴をもった内界にしたいと思う傾向があるということです。

　科学の方法論では対象を客観的に正確にとらえることを大事にしています。客観的に正確に外界をとらえなければ，外界の予測や操作をして効率よく適応することができないからです。外界に適応するためにはもちろんそれが必要です。しかし一方で，内界の方にも好みやこだわりがあることから，そのことが，真理を追究しようとする科学者と葛藤をもたらすことは科学史上少なくありませんでした。「現実を直視しようとしない」とか「事実を都合よく歪曲する」ということは日常でもよくあることですが，学問の成果が受け入れられる過程も例外ではないのです。その最たるものが地動説や進化論でした。それらの考えが世に出された時の衝撃は，人間が世界の中心的な存在であり生物の頂点であるという内界をもっていたい気持ちと，外界を客観的に正確にとらえようとした学説とのぶつかり合いによるものだったと言えるでしょう[4]。

4　地動説については，例えば，物を投げ上げたらなぜ西に移動しないのか，なぜいつも東風が吹かないのか，などの議論も当時からあり，また進化論については，当時は細胞分裂や遺伝の法則も明らかになっておらず，化石による証拠も不十分であったなどのことから，必ずしもこれらの論争がイデオロギーの介入のみによって起きたわけではないと言えます。

ある特徴的な内容の内界にしようとする傾向があることから，どのような外界とどのようにかかわるかを調整しようとします。それは言い換えれば，われわれは内界に適応しつつ外界にかかわっているということです。

例えば，「自分への挑戦」「自分の限界を知りたい」などと言って必要以上に困難な課題に取り組んだり，場合によっては禁止されている危険を冒したりするなど，外界適応の側面だけでは説明のつかない，時には愚かだと思えるような行為にさえ及ぶこともあるでしょう。これは，外界に働きかける大きな力を自分がもっているという内界を得ようとした行為だと考えられます。また，近年に「居場所探し」という言葉が使われることの背景には，現代社会において，自分が誰かの役に立ち，人から求められる存在だと認識したい気持ちが強まっている可能性があるように思われます。それが動機となってボランティア活動に精を出したり恋人に尽くしたりする人もいるようです。

大学で心理学を学ぼうと進学してくる学生をみていると，自分の性格を厭がったり，友人との関係に悩んだりしていることも少なくないですが，その進学動機の根底には，自分の内界を学問的にとらえ直して「自分と外界とのかかわりはこれで良いのだ」と納得したいという気持ちがあるように思います。そのような内界を得ようとして，心理学が学べる大学を受験したり，人に会ってインタビュー調査をしたりする行動が起きるのでしょう。これも，自分の内界に適応するために外界とのかかわりが影響を受けている一例だと思われます。

例えば，世界の国々ではテレビ局や新聞社は政治的にバランスのとれた視点から内容を構成しているとは限らず，多くの場合は特定の政党や主義，思想を支持するような偏りがあります。ですから，視聴者は自分の政治的意見に合ったメディアばかりを選んで観るこ

とができてしまうのです。さらに，インターネットを通じて情報を入手するのが当たり前になった現代では特に，自分の世界観に合った情報ばかりを抽出することが容易にできるようになりました。自分好みの内界を補強するように，われわれは都合よく選択しながら情報収集するという適応をしているのです[5]。

　このように，人間は外界にかかわって適応していかなければいけない一方で，それを認識した内界をとても大事にしています。内界は必ずしも外界適応そのものが正しく反映されていれば良いというわけではなく，自分にとって望ましい，ある特徴をもった内界にしようとする傾向もあります。「私と外界は○○のようにかかわっているとは思いたくない。△△のようにかかわっていると思いたい」ということです。

　そのような内界に適応して外界にかかわろうとするのですが，外界への適応と内界への適応は簡単には両立できず，そこでジレンマに陥ることが少なくありません。本書のタイトルにある「自分」とは内界にある自分のことを指しており，「自分というジレンマ」とは，内界に適応することばかりを大事にしていると外界への適応がうまくいかない，ということを指してこのように表現しています。

　では，われわれ人間がどのような内界を求めており，それがどのようなジレンマをもたらすのか，一つずつ取り上げながらみてみましょう。

5　田中・浜屋（2019）の調査では，政治的に特に強い意見をもっている場合に限って，インターネットでTwitterを利用することによって意見はさらに強まって分極化しました。また，稲増・三浦（2016）の調査においては，Twitterやニュースアプリの利用は政治・国際知識の差を拡大していた一方で，ポータルサイトや新聞社サイトの利用は知識の差を縮小していました。関心に沿わない記事も偶発的に学習するからだと考えられています。

1章
主体性のジレンマ
―なぜ反抗するとスカッとするのか

　われわれが求めている内界の一つ目の特徴は「自分が主体的に外界にかかわっていると認識したい」ということです。誰かにやらされているのではなく，自分から外界にはたらきかけているととらえたい，すなわち主体性を自覚したいのです。しかしそれと同時に，外界に適応しなければいけませんし，良い自己評価を得たいという気持ちもあります。これらがぶつかり合って最初のジレンマがここで生まれてしまいます。

1　われわれは主体性の自覚を求めている

　主体的であることを良しとする考え方は広く浸透しており，それが理想や模範として尊重されることも多いようです。例えば，学校教育において子どもたちには主体的に学ぶことが求められており，その文言は文部科学省が告示する学習指導要領にも含まれています。教師や親に強制されて学ぶような受け身の姿勢では深い学びができないとされ，「アクティブ・ラーニング」と呼ばれる授業スタイルとともに主体的な学びを重視する方針が教育現場に行き渡って

います。

　また，地域社会の問題解決や災害時，イベント等の運営にはボランティアの活躍が欠かせませんが，ボランティアはお金のためではなく他者や社会に貢献する活動を主体的に行うものです。ボランティア活動に参加する人の総数は1987年には約289万人だったのが，30年後の2017年には約707万人に増加しています（全国社会福祉協議会，2018）。活動の様子がニュース等で取り上げられることも多く，ボランティア活動への参加経験が大学入試で考慮される場合があるなど，このような主体的な奉仕活動は社会全体で奨励されています。

　月曜日の仕事を前に日曜日の夜には気分が暗くなるという人も多いかもしれません。気が重い理由は人によって多少は異なるとしても，おおむね仕事というものは，上司や客，取引先などから言われれば嫌でもやらなければならないところがあり，主体的になりにくいところがあるものです。それが日曜日の夜に多くの人の気持ちを落ち込ませる主な理由であろうと思います。

　「好きにやる」「自らすすんで」「裁量性がある」などは望ましいイメージがあり，生き生きと行動する姿が思い浮かびますが，「強制的」「マニュアルどおり」「あやつり人形のよう」などは悪いイメージが多く，まるで機械のように鬱々と行動する姿が浮かびます。われわれが主体的に行動したいと望むことは古今東西変わらない人の本質の一つだと思われます。

　心理学の研究でも，主体的であることの重要性は昔から指摘されてきました。例えばデ・チャームズ（de Charms, 1968）は，自身が行動を選択，決定していると知覚する人を「起源（origin）」，統制の利かない外的な要因によって決定されて行動していると知覚する人を「手先（pawn）」と呼び，人々は手先とならず起源となるように努めていると述べています。また，ロジャース（Rogers, 1951）

は，カウンセリングの過程において来談者の自己認知が，他者や文化的環境から強いられた価値にとらわれていると感じる状態から，徐々に態度や行動が自発的になっていると思えるような真の自我を実感するように変化することが大事であると指摘しました[6]。

2　主体と主体性の自覚とは

　主体性という表現は日常でも使いますが，抽象的でややわかりにくいところもありますので少し整理しましょう。まず，主体というのは目標をもって外界にかかわるものです。言い換えると，外界にかかわった後の状態になることを目指して行動する存在です。A地点にいる状態からB地点に移動しようと歩き出すのも主体ですし，水を飲んで喉の渇きを癒やそうとするのも主体です[7]。人物そのものや行動そのものではなく，その元にあって能動的な行動を引き起こすものを指しています。そして目標をもつことによって外界は認知され，評価や判断が生じます。つまり主体があってはじめて対象が生まれるのです。

　主体というのは上述のような概念ですが，ここで取り上げたいのは人がどのような内界を求めているかです。ですから主体そのものではなく主体性の自覚について考えなければいけません。つまり，目標をもった外界とのかかわりの出どころであるという自覚です。

6　他にも，偽の自己や演じている自己という感覚と対比される「本当の自分」の実感や（Bargh et al., 2002; Hochschild, 1983; Turkle, 1995; Turner, 1976），「本来感」に関する研究（Harter, 2002; 伊藤・小玉, 2005）などは，主体的であること，主体性を自覚することの重要性を前提としている研究だと言えます。

7　ヴァイツゼカー（Weizsäcker, 1950）が，有機体の自発的な自己運動によって環境世界と出合う際の原理を「主体」と呼んだものや，シモンズ（Symonds, 1951）の「自我」，また，オルポート（Allport, 1937）の言う「目的追求者」や，梶田（1988）の言う「認識や行動の主体」などもこれに重複する概念だと言えます。

人間以外の動物も移動しようと歩きますし喉が渇いて水を飲むこと
もあるので主体として行動するわけですが，主体性の自覚ができて
いるとは限りません。また人間であっても，例えば，猛獣に追われ
て逃げている時は，主体として行動しており自分からすすんで逃げ
ているわけですが，「無我夢中」や「我を忘れる」という言葉もあ
るように，必死で逃げている最中に主体性を自覚しているとは考え
にくいです。主体性など自覚していたら集中が妨げられてむしろ外
界適応を邪魔することになりかねません。つまり客観的に見れば主
体として外界にかかわっているようでも，内界では主体性を自覚し
ていない場合もあり，その逆もあります。

　では，主体性が自覚される場合はどのようなものとして感じられ
るのでしょうか。ジェームス（James, 1892）は，人が我がものと
して呼び得るものを客我と呼び，その客我を 3 つに分類しました。
1 つは身体や衣服，財産などのような物質的客我，2 つ目は仲間か
ら受ける認識である社会的客我，3 つ目は意識状態や心的能力のす
べてを対象化した精神的客我です。最後の精神的客我が主体性と重
なる概念ですが，これは能動感が得られるもので，最も自分の内面
にある核心として感じられると言います。精神的客我の中には感覚
や能力，知的過程も含まれていますが，情動や欲望，意志的決心な
ども含まれており，後者は最も自分にとって近親度が高いので自己
の中心として感じられると述べています。

　また梶田（1988）は，自己の概念を 4 つに分類しており，その中
で「認識や行動の主体として考えられるもののうち，実際の意識体
験として現れるもの」を主我意識と呼んでいます。この主我意識と
ジェームスの精神的客我とは，梶田自身も認めるように重複する部
分が多く，いずれも認識の対象として自覚された主体性を含んでい
ると言えます。その部分に対しては，自分の核心や中心，もしくは
意識や行動の主人公としての自分自身という感覚をともなうことが

指摘されています。

　このような主体性が行動の中に自覚されるというのは，「本当の自分」，「自分そのもの」，「本心」などと感じるところから行動が生じていると感じることです。自分の表面的，周辺的に感じる部分であれば，たとえ失ったり他者から批判されたりしてもある程度は平気かもしれませんが，自分の核や中心のように感じる部分ですから，われわれがこれを非常に大事にしていることは間違いありません。

3　他者の期待は主体性を自覚させにくくする

　では，主体性はどのような時に自覚されるのでしょうか。まずは自分以外の対象について考えてみましょう。例えば，目覚まし時計が突然鳴り出した時，われわれは目覚まし時計に主体性があるとは思いません。自動で鳴り出すような設計のもとに工場で組み立てられており，また，起きなければならない時刻に合わせてアラームが鳴るよう前の晩に操作していることを理解しているからです。最近ではコンピュータと簡単な会話をすることもできますが，巧みに話すのでまるで生きているかのように思えてくることもありますが，人間が組み込んだプログラムにもとづいて話しているとわかればそれほど驚かなくなってきます。

　行為が何によって生じたと感じられるか，という原因帰属の仕組に関する心理学的研究が行われており，行為者の意図などの主体性が見出されるか否かがどのように規定されているか検討されています。ジョーンズら（Jones et al., 1961; Jones & Davis, 1965）が注目する要因の1つが行為の社会的な「望ましさ」です。役割や規範に沿った行為は望ましい行為であり，言い換えれば，誰か他の主体から期待されている行為ですから，行為者の意図によるものと推論されにくいのです。例えば，学校で掃除の時間に掃除をすることや，

交番にいる警官が迷子に道を教えることなどは，もともと期待されている行動です。やるのが当たり前のことだと感じられるので，行為者の主体性にもとづいているとは帰属されにくいのです。

　同じような推論の特徴はケリー（Kelley, 1972）の割引原理にも見られます。他に原因らしき要因が存在すれば原因としての帰属は割り引かれるため，他者が期待することや報酬が得られるような行動は主体的に行っていると推論されにくいと言います。例えば，テストで良い点を取れば親からお小遣いをもらえるという状況で勉強をしている子どもを見た時に，自らすすんで勉強をしていると帰属されにくいわけです。

　これらの研究からもわかるように，行為者以外の主体の期待に沿った行動をした場合には，そこには行為者の主体性は見出されにくいようです。では，それが自分自身の行為の場合にも当てはまるのでしょうか。例えば，「学校の宿題は面倒だけれどやらなければいけないなあ，そろそろやろうかな」と思っていた矢先に，親から「宿題をやりなさいよ」と言われたら，「今やろうと思ったのに！」とがっかりすることがあると思います。その理由は，自分からやろうと思っていた行動も，他者の期待が現れることで主体性を自覚しにくくなってしまうからでしょう。

　他の主体性からの期待を意味するような報酬があることで，自分の行為であってもそこに主体性を感じにくくなってしまう，という現象については子どもの遊びや教育の現場でよく研究されています。デシ（Deci, 1971）の実験では報酬を与えると約束して大学生にパズルを解かせ，レッパーら（Lepper et al., 1973）の実験では報酬を与えると約束して幼稚園児に絵を描かせたところ，いずれの実験においても，後に報酬を与えなくなった時，自発的にパズルを解いたり絵を描いたりする時間が統制群に比べて短かったことが報告されています。これはアンダーマイニング現象と呼ばれています。

この現象についてデシ（Deci, 1975）は，報酬などが予期されたうえで行動する場合には，自分の行動でありながら外的要因によって決定されているように感じてしまい，自己を行動の原因として知覚できないために生じると述べています。

4　他者の期待に邪魔されない工夫

それとは逆に，実際には他者の期待に影響されていても，それに気づかなければ主体性の自覚は邪魔されないはずです。フロム（Fromm, 1941）は，催眠術を用いた以下のような実験を例に挙げて，生起する行動が自己の主体性にもとづくものと感じるためには，他者のはたらきかけによって自己が動かされていることに気づかないことが重要であることを指摘しています。催眠術で眠らせた実験参加者に対して，眠りから覚めた後にある物を探すが見つからず，別の他者が盗んだと思いこみ，その他者に対して非常な怒りを感じるように暗示を与えるとします。目を覚ました後に参加者は暗示のとおりに行動しますが，催眠術の効果により，参加者自身は他者から操作されて自分が行動していることに気づかないので，たとえ他者の期待に沿った行動をとったとしても，それを自分の主体的な行動であると感じられるという例です。

他者の期待を受けて行動する際に，それへの気づきやすさを操作した実験があります。フェスティンガーとカールスミス（Festinger & Carlsmith, 1959）が行った以下のような強制承諾実験です。まず実験参加者には非常に退屈な作業を経験させ，1ドルもしくは20ドルを謝金として支払ったうえで，別の実験参加者に対して「作業はとても興味深く楽しいものであった」と伝えるよう依頼するというものです。その後，自分にとって作業がどの程度楽しかったか回答させます。その結果，1ドルしか支払われなかった実験参加者

の方が楽しかったと回答したのです[8]。

　この実験結果の解釈について自己知覚理論（Bem, 1972）の観点から以下のように解釈されています。まず，この理論では，自己の本心というものは内的な手がかりが弱くあいまいなため直接に推測することはできず，他者がそれをするのと同様に，外的手がかりにもとづいて行うしかないと考えられています。それを前提とすると，20ドルを支払われた実験参加者は，実験者から20ドルもらうほどの強い期待を受けて態度を表明したので本当に作業が楽しいと感じていたとは思えないが，1ドルしか支払われなかった実験参加者は強い期待が感じられないので，表明したとおり実際に作業が楽しかったのだろうと推測する，という解釈になります[9]。

　他者の期待は主体性の自覚を邪魔しますが，それを目立たなくさせることで主体性は自覚しやすくなるのであれば，これを利用して説得的コミュニケーションを工夫することもできそうです。説得する際には，説得者は被説得者の態度が変わるように期待するわけですが，被説得者からすれば，説得者の期待に沿って安易に説得され

8　この実験結果を認知的不協和理論に沿って解釈すれば，まず，実験参加者は作業することが退屈で楽しくないと認知しますが，その認知と，他者に作業が楽しかったと表明したこととは矛盾します。20ドルを支払われたことは実験者からそれほどの強い期待を受けたということを意味し，そのことが偽りの態度を表明したことを正当化するので認知的不協和が生じませんが，1ドルしか支払われなかった実験対象者には認知的不協和が生じ，それを解消するために作業そのものが楽しかったと認知が変化するということです。認知的不協和理論は，初期の態度からの変容過程を説明するのに適していると考えられています。

9　このような解釈に対しては反論（Jones et al., 1968; Piliavin et al., 1969）も寄せられ論争となりました。これについて萩原（1976）や山口（1982）がまとめています。当該の対象への態度が確立するだけの内的手がかりが得られない場合の態度形成に対しては，自己知覚理論が一定の説明力をもっていると考えられます。つまり，もともと自らが欲してすすんで行ったという自覚がない行動であっても，他者から強く期待されていることを示す20ドルもの報酬がともなわず，たった1ドルの報酬という他者の期待がほとんどないことを示す状況であれば，自らすすんで楽しく行ったという自己の主体性が自覚されやすくなるのです。

てしまうことは，主体性を自覚することができないというデメリットがあるはずです。そのため，説得者の期待を意識させないよう工夫をすることが説得の効果を高めるかもしれないのです。

例えば，ブロックとベッカー（Brock & Becker, 1965）は，他者から直接説得されるのではなく，第三者のコミュニケーションを偶然に漏れ聞いた場合，すなわちオーバーハード・コミュニケーションが説得効果をもつことを実験で確認しています。例えば，面と向かって「この商品はいいから買いなよ」と話しかけられると構えてしまいますが，電車で近くに座った知らない人たちが，ある商品を褒めているのを聞いた場合の方が説得されやすいということです。オーバーハード・コミュニケーションの特徴は，態度を変容させようとする説得者からの期待が自己に直接向けられないところにあります。そのために，他者の思惑どおりに態度をコントロールされてしまうという脅威に対する防衛心を起させないと考えられています。態度を変容させたとしても，それは他者の期待に沿ったことにはならず，漏れ聞いた情報を参考にして自己が主体的に態度を変容させたと考えることができるからです。

また，説得メッセージの内容が，主張を強く押しつけようとしているという脅威を感じさせ，読み手の意見を尊重する気持ちが見られないものであると説得されにくくなるという研究結果（Worchel & Brehm, 1970）がある一方で，説得するための材料となる情報は示しつつも，最終的にとらせたい態度を説得者からは明示せずに結論を保留するという方法が説得に正の効果があることも同様です（Hovland & Mandel, 1952）。いずれも，他者に言われるがままでは自己の主体性が見出せないので説得されにくくなるのです。効果的に説得するためには，他者の期待によって態度を変容させられたと思わせないような条件になるよう工夫することが必要だと言えます。

5　他者の期待に沿うことの悪影響を減らすには

　他者の期待に沿って行動していても，あたかも主体的に行動しているかのように思われることもあります。それは，他者の期待を自分の期待と重ね合わせている場合です。他者から期待された行動を「それは自分がやりたいことだ」と思ってやるのです。他者の期待に沿った行動をする時に「これは他者が期待することだ」と思ってしまうと，やらされているように感じ，自分の主体性にもとづく行動と思いにくくなってしまいますから，その他者と自分の主体性を重ね合わせて同じ目標を目指すことで，他者が期待する行動であってもやらされている感じが減るわけです。

　例えばライアンら（Ryan et al., 1994）の調査では，親や教師，友人との同一視や愛着の程度と学業に関する自己制御の程度や対処行動などを測定しています。その結果，親や教師との同一視や愛着の程度が高いほど，学業に対して自律的で積極的に対処することが明らかになっています。親や教師のもつ「勉強をがんばってほしい」という期待を自分の中に取り込んでいるのだと思われます。

　このような，他者と主体性を重ね合わせることで期待する行動を促進する手法は，日本の学校教育や家庭での子育てのなかで多く用いられているという指摘があります。恒吉（1992）は日本とアメリカの学校教育の内容を比較した考察のなかで，日本には，正規のカリキュラムを見ているだけでは気づかないような「かくれたカリキュラム」が存在し，教師との関係や生徒同士の関係などを通じてそれを自ら学んでいくところがあると指摘します。アメリカでは教室内では教師が主導権を握り，反抗する児童に対しては教師と児童との「個」の直接対決となって権威的に従わせるというスタイルをとり，その傾向は家庭教育においても同様であると言います。それ

に対して日本では，相手の気持ちに敏感になって思いやり，そこに感情移入することによって自発的な同調がうながされるというのです。

　例えば，学校では頻繁に話し合いや反省会が開かれて目標を内面化することが奨励されます。同様に，窓を開けたがる子どもに対して「他の人が寒いでしょ……」と諭すことや，歩道橋に掲げてある「思いやりのある運転」という垂れ幕の例などを挙げ，日本社会の特徴として，感情移入による自発的同調が育まれる土壌があると言います。

　また，東（1994）は，子どもの学習行動に関する日米比較をする文脈で，受容的勤勉性というキーワードを使って日本の学校教育の特徴を論じています。受容的勤勉性とは，つまらない仕事でも課題として与えられれば辛抱して注意深く正確にやり遂げられる傾向のことで，その特徴をもつ子どもは「すべき」とされていることを素直に受け止めてしっかり努力すると言います。そしてこの受容的勤勉性という特徴が，ものごとが一種の常識によってあらかじめ決められている，ある意味で融通のきかない社会において促進されますが，役割として与えられた行動は，やり方が正しければ内在的な原理がわからなくても遂行できてしまうと指摘しています。

　さらに，日本の子どもは特に親の希望や期待を内面化する傾向が強いとされており，アジア系の子どもを対象として行われた研究（Iyengar & Lepper, 1999）でも，母親から与えられた課題を自由時間にも自発的に遂行し，その成績も高いという結果が得られています。

　これらの指摘にあるように，日本では社会的に評価される行動を自ら進んで行うことが奨励され，他者と主体性を重ね合わせるよう促すさまざまな工夫がなされているわけですが，欧米の研究者などからは，日本人は自主的同調が得意で「まじめで勤勉」というイメー

ジをもたれる一方で，自己主張や自己表現の源となる「個」が弱い
という負の印象をもたれることが多かったのも事実です。他者と同
じ目標を目指して自分の主体性を重ね合わせる方法は，他者にやら
されているという感覚をある程度は緩和して，他者や社会が期待す
る行動を「まじめに，勤勉に」やり遂げさせるという利点もあると
はいえ，やはりそれは他者の期待に沿った行動をしているにすぎず，
主体性を自覚させるという意味では不十分だと思われます。

6　主体性の認識には期待が不可欠

　他者の期待が主体性の自覚に負の影響を与えることを紹介してき
ましたが，それでは期待はなければないほど良いのでしょうか。
　まずは，他者の主体性を認識する場合を考えてみましょう。条件
が揃えばロボットにさえも主体性を感じ取ってしまうことがあって
もおかしくありません。チャペックが1920年に発表した戯曲『RUR』
は，初めて「ロボット」という言葉が登場した作品です。チェコス
ロバキア語の「働く，奉仕する」という意味の「robota」が語源だ
ということです。人間の指示に従って働き，奉仕するはずのロボッ
トですが，そのうち人間の命令に従わずに反乱を起こします。作中
の登場人物はそれをロボットとは思えなくなってきて「……魂があ
るんですの？（深町訳, 2003）」と問いかけるシーンがあります。読
者のわれわれも同様に，他者の期待に沿わない行動に主体性を感じ
取り，それをロボットとは思えなくなってきます。そこがこの作品
の一番の魅力となっているように思います。
　もう一つ，野生チンパンジーの調査で報告された事例を紹介しま
しょう。ギニアのボッソウ村周辺で，子どものチンパンジーが死亡
してしまった際の母親チンパンジーの行動が観察されています（松
沢他, 2004; Biro et al., 2010）。驚くべきことに死亡した後も子ども

がミイラ化するまで手放さずに抱いて運び続けたというのです。その間，子どもに対して生きていた時と同じように毛づくろいをしてあげたり，ハエを追い払ったりしています。また，死亡後数十日後には母親は授乳を止め，生理周期が再開して臀部はピンク色に膨張し，次の子どもをつくるための体の準備が整っていたにもかかわらず，死んだわが子を手放さなかったのは非常に興味深いことです。子どもが死んでしまった後の本能行動が始まりかけていたにもかかわらず，それには従わなかったということです。

　発動し始めていた生得的プログラムである本能行動を期待とは呼びにくいですが，少なくとも死んだ子どもを手放させる方向の力です。それに従わなかった母親チンパンジーのこの事例を知って，われわれはどのように感じるでしょうか。母親チンパンジーに主体性があるように思えてくることが，この事例を読んだ際の印象深さにつながっているのではないでしょうか。

　上述した2つの例で，本当に主体性があったのかを問題にしているわけではありません。これらの例を読んだわれわれに他者の主体性が感じられるのは，他者に対して何らかの期待がかかったうえで，他者がそれに沿わない行動をする時なのだ，ということが重要なのです[10]。では，同じことは自己の主体性の自覚にも当てはまるのでしょうか。

　上述したアンダーマイニング現象と強制承諾実験を扱った研究を思い出してください。それらはどちらも大きな話題となり，後の多くの研究に引用されるほど有名になりましたが，その理由はこれら

10　ケリー（Kelley, 1972）は，割引原理だけでなく割増原理も提唱しています。ある事象について抑止的要因があれば促進的要因を割増して推論に用いられるというものです。例えば，邪魔されていたり禁止されていたりする行動をした他者を見ると，「あの人はよほどこれをやりたかったんだな」と，行為者の主体性が強く感じられるのです。

の研究が以下のような重要なことを指摘したからです。まず1つは，自己の主体性というものは行為する本人にとっても自明のものとは限らず，自己がどれほどすすんでそれを実行しようとしているのか，どれほど自ら楽しんで行っているのか，ということなどは案外わからないものであること，さらに，自己の気持ちを知る帰属過程の仕組みが他者の行為について帰属する過程と何ら変わりがないことを示唆したことが大きなインパクトをもたらした理由です。

　つまり，自分が他者の主体性を認識する時の仕組みがあり，それを逆転してみれば，他者は自分の主体性を認識します。それと同じ仕組みで自分自身の主体性を自覚するのであれば，自分に対して期待がかかったうえでそれに沿わないことが主体性の自覚に必要だと考えることができるのです。

　他者とかかわる際には「……してほしいなあ」などの期待が他者に向けられています。小石や草花などが相手であれば思いどおりに動かすことができるかもしれませんが，人間が相手であれば自分からの期待に対して必ずしも思いどおりにならず，その時に他者に主体性があると感じられることになるでしょう。それが転じて，他者とかかわる際に自己に向けられる期待があり，自己の行動がそれに沿わないからこそ，そこに自己の主体性があると自覚されるのです。他者に何も期待していなければ他者の主体性を認識することもないはずです。同じように，自分に期待がかかっていないようであれば主体性は自覚できないでしょう。

　他者の期待に沿うことは主体性の自覚を妨げますが，だからといって，ただ何もない状況で心の中だけで考えていて自己の主体性を自覚できるというものではありません。他者の期待が何もない状況で「なぜ行動したのか？」と質問されれば，「自分の主体性にもとづいていたのかなあ」と回答するかもしれません。しかし，それははっきりと感じられるものではなく，理由のあとづけのようなも

のだと思われます。

　例えば，家の中で一人で考えて「転職しよう」と思い立った時に，主体性を自覚することがあるかもしれません。一見すると他者の期待がない状況に思うかもしれませんが，そこでは，「そう簡単に転職すべきでない」という社会常識や親の意見，引き止める上司や同僚の気持ちなどからなる期待と対比されるからです。何もないところではなく他者の期待があるところ，すなわち別の主体とかかわっているところで，その期待に沿わないところに主体性を自覚するのです。

7　他者の期待に沿わないことで主体性は自覚される

　受け入れがたいような他者からの期待を意図的に強くかけた実験を紹介しましょう。ミルグラム（Milgram, 1974）が行った，「アイヒマン実験」とも呼ばれた有名な実験です。もともとこの研究は，ユダヤ人を殺害したナチ党員が特殊な人たちの集まりであったのか，それとも，普通の人であっても状況さえ揃えば他者に対してあのような残酷な行動を取ってしまうのか，という問題を取り上げたもので，これを実験的に検討するために計画されています。

　実験参加者は教師役となり，別室にいる学習者が答えを間違えるたびに電気ショックを与えることが実験者から指示されます。それを正当化するための説明として，この実験は効率の良い学習方法を探る研究の一部であり，学習者に対して電気ショックという罰を与えることが学習にどのような効果を与えるのかを検討しているのだと説明を受けます。

　電圧は毎回1段階ずつ上げていくという決まりになっていて，電気ショックを与えるたびに学習者が苦痛で悲鳴を上げたり，「心臓が苦しい，ここから出してくれ！」と叫んだりします。もちろん実

際には電気ショックは与えられておらず，学習者は演技をしているだけですが，実験参加者は自分が本当に電気ショックを与えているのだと信じています。実験参加者が途中で実験を続けるべきか実験者に助言を求めたり，続けたくないと言ったりしても，それに対して実験者は「絶対に続けてください」などと強くうながし続けるのです[11]。

　このような実験を行った結果，驚くことに，多くの実験参加者が最大電圧まで電気ショックを与え続けました。ごく普通の人たちが，まるでナチ党員のように「権威に盲従」して残酷な命令を実行してしまうのかと悲観したくなりますが，参加者は残酷な期待に従って淡々と電気ショックを与え続けたというわけではありません。報告を詳しく見てみると，期待に抗おうとする本心が強烈に顕在化して強い感情を経験していたことがわかります。「わたしだって，やめたいときはやめたいです」，「自分のことは自分で決めます」，「わたしは嫌だ……自由意志できたんだ」などと言って実験を中止した人たちもいましたし，続けた場合にも，「『もうできません』と言いたくてたまらなかったんです」という事後報告にもあるように，期待に抗おうとする際の自分の主体性が強く感じられていたことがわかります。

　哲学の分野では，サルトル（Sartre, 1947; 澤田・水野訳, 2013）が主体性について関連する議論をしています。そこでも，自身の主体性というものは単独で認知されることはなく，他者のそれと同時に現れてくると考えられています。自己に何らかの反応が要求された時，自己の反応はそれに完全には合致することはなく要求とは差異があるため，それが主体性の発見につながるのだと言います。

11　実験参加者にこのような大きな心理的負担がかかる実験をまったく同じように実施することは現在ではほとんどありません。現在の心理学の実験は倫理規程にもとづいて行われています。

　シンボリック相互作用論を背景とした議論の中にも，他者の期待
に沿わないことの意味について語られています。ゴフマン（Goffman,
1961）は，役割に沿わない行動をとることが自己を現すために重要
であることを指摘しています。役割というのは，「一定社会におけ
る位置の担い手に向けられた期待の束（Dahrendorf, 1968; 橋本・
鈴木・平松訳, 1975, p. 36）」のことです。ある役割を受け入れてし
まうと，役割を担う虚構の自己だけになってしまうと言います。つ
まり，そこに自己の主体性は見えてこないということです。虚構の
自己を拒否するためには，規範的な期待の内容との間にくさびを入
れる必要があるとして，それについてメリーゴーラウンドの乗り方
の例を挙げて説明しています。メリーゴーラウンドでは，乗る客の
典型的な反応が，観る人や機械を動かす人などから期待されていま
す。そのような状況で，正しい乗り方ではなく革ひもから手を離し
て乗るなど，期待される行動をそのまま実行するのを避けることに
よって，虚構の自己を拒否することができると言います。そこで重
要なことは，期待される行動から少し離れた行動をとることが必要
であると強調している点です。そのような期待からの「距離」が不
可欠だとすれば，やはりその前提として，他者の期待の存在が必要
だということになるでしょう。

8　主体性の自覚のための反抗

　他者の期待に沿わないところに自己の主体性の自覚が生じるので
あれば，それは反抗や反社会的な衝動として現れやすいということ
が容易に予想できます。
　一般的に2，3歳の頃に第一反抗期が現れます。これが子どもの
社会化の過程における自我の芽生えによるものであるという見方は
珍しいものではありません。他者の期待にことごとく反抗するとい

う特徴に注目すると，これによって得られるものと言えば，まさに主体性を自覚することにほかならないでしょう。

　中西（1959）は２，３歳の子どもの反抗行動について調査し，「自分の思うようにしてもらえないと，親や兄弟に物をなげつける」「気に入らないと座りこんで，あばれる」「自分の自由にならないと，大きな声で泣きわめく」「していけないと注意すると，わざとする」などの例を挙げ，これらは単なる自己主張というよりも反抗すること自体が目的のような行動であると考察しています。ワロン（Wallon, 1956; 浜田訳, 1983）はこのような反抗的行動について，自分自身の独立と，自分自身の存在を感じるという動機によって生じるものであるととらえて，「勝利の唯一の賭け金は勝利そのものである（p. 231）」と表現しました。また山田（1982）は，このころの幼児があらわす拒否や泣き，かんしゃくなどが，それ以前に見られる要求実現のための道具としてではなく，「かんしゃくのためのかんしゃく」であるところこそ，幼児に自己が現れ始めたことを仮定しなくては説明できないものであると述べています。

　つまり，第一反抗期に特有の行動は外界への適応のための手段ではないだろうということです。外界適応に何の役にも立っていないのであれば，他者の期待に沿わないことで主体性を自覚しようとする内界に適応している現象と解釈してよいでしょう。

　大人になってからもこのメカニズムは同じです。ターナーら（Turner, 1976; Turner & Schutte, 1981）は，規範や価値，理念に反し，本人も反社会的であると考えている行為や感情を表出する時，それを「本当の自分」として感じ，一方で，規範等の期待に沿う行動は「本当の自分」の表出を妨げる「偽りの自分」として感じられると考えました。

　これを実証的に検討するため，ターナーらは，どのような行為や感情に自分そのものである「本当の自分」が現れていると感じるか，

その状況を記述させて内容を分類しました。ここでいう規範や価値，理想というのは，他の主体性から期待されるものということになります。調査の結果，やはり「制度」すなわち規範や価値，理想に同調して達成を目指すところではなく，「衝動」すなわち同調や達成のために行動を抑制することから解放するところに「本当の自分」を感じる者が6割以上と多く，日本で行われた調査においても同様の結果でした（船津, 2006）。具体的には「仕事を怠ける」「無視する」「拒絶する」「叱咤する」など，まさに他者の期待に沿わない行動に主体性が自覚されているのです。

9　良い自己評価を求めている

　ところで，誰もが自分は良い存在であり価値があると思いたいものですが，この気持ちは心理学の多くの研究においても肯定的な自己評価を得ようとする傾向として古くから論じられてきました。

　例えばジェームス（James, 1892）は，他人の注目と賞賛とを快とし，他人に「認められたい」と欲する社会的自己追求の存在を論じ，かくありたいという理想自己の状態に対して，現在の自分の状態がそれに至らない場合には自尊感情が低下して自分が苦しむと考えました。またマズロー（Maslow, 1954）は，「生理」「安全」「所属・愛」の欲求が充足された後に起こる欲求として「承認」の欲求を挙げました。これは，自己に対する高い評価や自己尊敬，自尊感情，他者から尊重されることに対する欲求です。このような欲求が満たされることは，自信，価値，強さ，可能性，適切さ，有用性，必要性などの肯定的な感情をともない，また，これらの欲求が満たされなければ劣等感，弱さ，無能さなどの否定的な感情がともなうと述べています。

　肯定的な自己評価を得ようとすることを前提としている研究も少

なくありません。例えば，自己評価を高めるように他者と比較しようとする傾向を扱った社会的比較過程理論（Festinger, 1954）や，自己評価を肯定的に維持するために認知や行動などを変化させる過程を検討した自己評価維持理論（Tesser & Campbell, 1982）などがそれにあたります。また，自分の能力のレベルを回答させると過半数の人が自己を平均以上であると見積もるという平均以上効果[12]（Dunning et al., 1989）という現象がありますが，この現象からも肯定的な自己評価を得ようとする強い動機が存在していることがわかります。

　その他にも，他者からの肯定的な評価にもとづいて自己像が形成できない場合には自尊感情が低下し，失意や落胆，不満という負の感情や（Higgins et al., 1985），現在に対する負の態度（杉山, 1995）と関連し，ロバーツら（Roberts et al., 1996）の調査では抑うつ症状と関連があることが見出されています。

　前節では，他者の期待に沿わないことで主体性を自覚することを説明しました。外界に主体的にかかわっているという内界にしようとする傾向に関して言えば，他者の期待に沿わないことは望ましいことになります。一方で肯定的な自己評価を得たいということは，言い換えれば，他者とうまくかかわって外界に適応することができている，という内界にしようとする傾向があるということです。この傾向に関して言えば，他者の期待に沿うことが望ましいはずです。例えば，肩が凝っている人の期待に応えてマッサージしてあげれば，期待した人はよろこんで感謝することでしょう。その時，期待に応えた人は「自分は外界で他者とうまくかかわる存在として認められ

───────────────

12　平均以上効果は欧米では一般的に見られますが日本ではこの効果は生じにくく，平均以下効果が生じることもあります。ただし，日本人に自己評価を高める動機がないということではなく，他者との親和にかかわる特徴や内集団を評価対象とした場合などには平均以上効果が生じやすくなります。

た」という内界を得てうれしい気持ちになるはずです。

　カーネギー（Carnegie, 1937）の記した『人を動かす』には人の本質をふまえた処世術が豊富な実例とともに紹介されています。その中でカーネギーは，人には他人に認められて自己評価を高めたいという強い気持ちがあるので褒めることは大事であると強調しており，そのうえで，人を動かすためには期待をかけることが一つの原則であると指摘しています。良く期待されることで，その期待を裏切らないように努力をして自己評価を高めようとするために人は動くのだと言います。

　期待に沿うことの重要性について，シンボリック相互作用論にもとづく議論では以下のように端的に述べられています。ミードは，「対象の真の意味は，その対象を目前にして，人がそれを使ってなにをしようとしているのかで決まる（Mead, 1982; 小川・近藤訳, 1990, p. 83）」と述べて，対象の意味が機能的観点から社会的に理解されることを強調しました。また，ストラウス（Strauss, 1959; 片桐訳, 2001）は，ある対象に引き起こされる一連の期待と，その対象を特定，定義をすることとの密接な関係を論じて言います。例えば，一脚の椅子の意味とは，座る人を支えてくれるはずである，という期待とともにあると言います。つまり，ある主体が目標をもって外界にかかわる時に，目標を達成するために他者に期待をかけます。期待をする主体の側から見れば，その期待に応える対象は機能を果たすものであり肯定的に評価することになるのです。

　そして期待される対象が自己自身である場合もあります。物の意味や価値がそのように現れるのと同様に，自己が社会的にどのような存在であるかが評価されるためにも，「私は誰なのか，ということだけではなく，状況に即して私は何をしたかとか，その状況に見合うために，あるいは他者の動機に見合うために私は何をすればよいか，といった問い（ストラウス同上書, p. 65）」に答えることが

できなければならないのです。他者の期待に応えることは，主体と
しての他者の視点から肯定的な存在として評価されることをとおし
て，それが自己の評価に反映するということです。

　実証的な調査を行ったテイラーら（Taylor et al., 1995）の報告に
よれば，自己評価を形成する情報源となる，客観的情報，個人内基
準，社会的比較，他者からのフィードバックの4種を比較したとこ
ろ，他者からのフィードバックが最も有用な情報源であったという
ことです。自分一人で「自分は良い存在だ」と思い込もうとしても，
それだけではなかなか自信がつかず，クーリー（Cooley, 1902）が「鏡
映的自己」と言ったように，他者から見える姿を自己として取り入
れることになるため，他者の期待に応えるという社会性のある外界
とのかかわりがどうしても必要なのです。

10　自己評価を求める理由

　他者の期待に応えて肯定的な評価を得ようとする気持ちはどのよ
うに生まれてくるのでしょうか。その仕組みについて，太古の昔に
さかのぼって進化の過程での必要性から説明したものがあります。
　レアリーら（Baumeister & Leary, 1995; Leary et al., 1995）は，
外界に適応するために，人は集団に所属して他の個体と社会的なつ
ながりをもつ必要があると言います。そして，集団に貢献してルー
ルを守る存在となることで，他者に受け入れられ排除されていない
ということを自分でモニターして安心するようになったと考えられ
ています。これをふまえて遠藤（2002）も，原始から人は生き抜く
ために他者や集団に頼ることが不可欠であり，他者や集団から排除
されないように貢献するよう自己の在り方を調整する必要があった
と言います。そのような社会で期待される価値が理想自己を形作る
元となり，これの実現を望むことが進化の過程でも重要であったと

考えられています。

　もう1つの説明は，認知的な不協和を避けようとするはたらきを
ベースにした説明です。役割という概念が他者の期待で構成される
ものととらえられていることはすでに述べましたが，マッコールと
シモンズら（McCall & Simmons, 1966; Stryker, 1980）によれば，
そのような役割を担うことで，ひとまとまりの期待を請け負うこと
になることから，評価を受ける基準を手に入れることになると言い
ます。しかし期待どおりに役割を遂行するという理想的状態と現実
との間には差異があり不協和が生じるため，不協和を解消するため
にも，期待される役割遂行をなんとか果たそうとすることになりま
す。このようにして，自己が他者の期待に応える存在でありたいと
動機づけられ，肯定的な評価を得ようとするのだと考えられていま
す。

　いずれにしても他者の期待に応えることができなければ外界適応
できないだけでなく，社会の中で評価される存在とみなされないと
いう内界にとっての不都合が生じることになるので，われわれはそ
れを避けようとするのです[13]。

11　ここに現れる主体性のジレンマ

　ここまでの議論で1つ重要な問題が現れたことに気づくと思いま
す。自己の主体性は他者の期待に沿わない場合に自覚され，他者の
期待に応えることで肯定的な自己評価が得られるのであれば，まっ

---

13 例えば，自分の居場所がないという特有の負の自己意識としても現れてくるで
　しょう。石本・倉澤（2009）は，役に立っていると思えるという自己有用感が
　居場所感の1つの次元だと仮定してこれを測定する尺度を作成しています。自
　己有用感の項目には「自分が必要とされていると感じる」「自分が役に立ってい
　ると感じる」などがあり，他者の期待に応えることで自己が有用であると認知
　することが居場所感をもたらすと考えられています。

たく正反対の条件が挙げられているということになります。これらはともに内界にとって大事で強く求められているにもかかわらず，成立の機制において矛盾を内包しているということから双方の両立は困難であるかのように思われます。主体性の自覚ばかりを求めて他者の期待に背くだけでは反抗期の子どものようになり，外界への適応を妨げる無秩序な行為となってしまうでしょう。また，自己評価ばかりを求めれば，他者の期待に嫌々ながら応えてばかりのあやつり人形のようにわれを失うことになってしまいます。これは，われわれが社会生活を送るうえでの1つの難問と言えるでしょう。これを「主体性のジレンマ」と呼ぶことにします。

　このジレンマは，成立条件の背反性のために日常のさまざまな場面で何らかの困難やもどかしさを感じさせている可能性があります。例えば，土井（2004）は，最近の若者は自己の内発的衝動を表現し，それにもとづいて行動することを重視していると指摘しています。例えば，「むかつく」などのような生理的感覚に近い衝動が自分らしい態度や行動の根拠になっていると言います。他者や集団などからのさまざまな期待に沿わず衝動的に行動することが，「本当の自分」や本心に従っているように感じられるためだと思われます。一方で，人気のある職業に就いて社会的に承認されたいという強い志向や，親密な友人に受け入れられるよう過剰に優しく気配りする傾向もあると述べています。他者の期待にも応えようと一生懸命なところもあるのです。

　また，フリーターになることを望む若者が話題になることもありますが，フリーターがもつ職業意識の調査を見ると，「しばられない」，「自由」，「融通がきく」などの語が多く，自分の時間を自由に調節できることが長所であるという一方で，フリーターの短所として世間から認められていない立場であることが挙げられ，フリーターであることに対する世間からの否定的な評価を厳しい視線とし

て感じていると言います（下村, 2000）。期待にしばられたくはない
ものの，期待に応えていないという引け目があるようです。

　さらに，影山（1999）は，不確実な自己の存在を確認しようとす
る行動がさまざまな現代的犯罪を引き起こしていると指摘しまし
た。例えば一部のストーカー犯罪では，相手に憎悪されるような行
動をし続けることで自己の存在を確認しているようであり，興奮を
もたらしたり自己知覚を変容させたりするような禁止された薬物へ
の依存も同様だと言います。一方で，世間から注目されたい，認め
られたいがために，派手な犯罪を計画したり被害者を装って騒いだ
りすることもあれば，世界を救済するための義務と信じて教祖の期
待するよう犯罪を遂行する狂信的なカルト集団の信者になるなどの
例も挙げています。

　これらの例はいずれも，主体性の自覚と自己評価をそれぞれ求め
る焦燥として理解することができるでしょう[14]。

14　フロイト（Freud, 1998）の自我論における「エス」と「超自我」についての論
　考は，対象とする心理過程の範囲はかなり大きいものの，類似するジレンマが
　含まれています。そこで仮定されている心理装置の下部に存在する「エス」は
　快楽を求める原理に従った欲動で占められているもので，激情をともなう荒馬
　のような存在としてとらえられています。他者の期待に歯向かうこともある存
　在です。一方「超自我」は，道徳や理想のような他者の期待を取り入れたもので，
　「エス」の欲求に対する障害となって抑圧を引き起こす原動力になると言います。
　フロイトはこれらの間に生じる対立を，現実的なものと心的なもの，外界と内
　界の対立と言い換えています。フロイトが述べるこの対立には，例えば「私は
　○○が食べたいのに，それを食べると他者に罰せられる」のような単なる他者
　との衝突も含まれています。これに対して本書で論じる「主体性のジレンマ」は，
　他者の期待に沿わない行動をして主体性を自覚しようとする側面と，他者の期
　待に応えて自己評価を高めようとする側面の衝突に限っています。あくまでも
　自分の内界のために2つの側面を両立させたいということです。

12   ジレンマ解決の必要性と可能性

　主体性の自覚と自己評価は成立過程に矛盾が内包されています
が，それぞれ異なる社会場面であれば成立させることは可能なはず
です。現代社会においては，家族や友人仲間などとの関係における
私的領域では主体性を自覚することができる一方で，職業活動など
の公的領域では自己評価を得るという使い分けがすすんでいるよう
に思われます。しかし，成立場面が分離していて十分なのかという
ことも考える必要があるでしょう。

　このような生活領域の分化は近代的な産業社会の発展とともに進
んできました。例えばバーガーら（Berger et al., 1973; 高山他訳,
1977）は，工業生産の場における労働者はあたかも機械のような非
個人的な機能者となり，原子のように構成単位として秩序立てられ
る代替可能な存在として匿名性が高まることを指摘しました。それ
故に，労働の場面では自己を個性豊かなかけがえのない個人として
とらえることができず，それを表現するため，「残されたすき間（例
えばいわゆる社会生活の私的領域のように）にのみ自己を発見しあ
るいは定義づけする希望（バーガーら同上書, p. 108）」を見出すよ
うになったと言います。また井上（1974）も，職業集団の巨大化，
官僚制化により本邦の労働活動も同様の変化がもたらされたため，
個性を回復するために私生活に関心の比重が移行し，精神生活にお
いて非同調的，逸脱的アウトサイダーとなることを目指すように
なったと述べています。

　主体性を私的領域においてのみ自覚するようになれば，職業活動
などの領域では，それとは分離された自己が評価されるだけの場と
なるでしょう。ジェームス（James, 1892）が提唱した3つの客我
の中で，有名であるか，名誉であるかというような他者からの認識

として感じられる社会的客我は自分以外の所有物のように感じられると言います。また，ターナー（Turner, 1976）も，他者からの短期的な評価などの自己イメージは，「本当の自分」や自分そのものとは感じにくいものであると指摘しています。

　つまり，私的領域から分離された職業活動の場面で自己評価を得ることができるとしても，それは自己の周辺として感じられる部分の評価にすぎず，それだけでは自分そのものと感じられる核心的な部分を評価することにはならないということです。要するに，主体性の自覚と自己評価を同一の社会的な場で成立させる必要があることが示唆されるのです。

　それでは，成立条件が本来矛盾している主体性の自覚と自己評価の両立，すなわち「主体性のジレンマ」が一場面で解決する可能性はあるのでしょうか。

　前述したターナーら（Turner, 1976; Turner & Schutte, 1981）が行った，行為や感情に「本当の自分」が現れていると感じる状況についての調査で注目すべきことは，「衝動」に「本当の自分」を感じる者が多いものの，「制度」に「本当の自分」を感じる者も3割程度以上おり，確実に存在しているという点です。はたから見ればやらされているような仕事でもそこに「本当の自分」を感じる場合があるということです。他者から期待される規範や価値，理想などに同調して達成を目指す「制度」としての行動は，肯定的な自己評価が得られる一方で，そこでは主体性を自覚しにくいはずです。しかしながら，そのような行動にもある程度の割合で「本当の自分」を感じる場合があることは，「主体性のジレンマ」が解決する可能性があるということを示していると言えるでしょう。

13　解決のメカニズム

　「主体性のジレンマ」の根本的な解決は，ある条件を満たしている外界とのかかわりから得ることができます。わかりやすい例としてサッカーのプレーを挙げましょう。相手のゴールにボールを入れるというチーム全体に向けられた期待に応えようとする場合，ボールを受け取った選手は，どの方向にドリブルするか，誰にパスを出すかなど，プレーの選択肢はほぼ無限にあります。実行するプレーをし始めると，その動きに対応してうまく嚙み合うように仲間の他の選手が反応します。しかしその選手の反応も型にはめられたものではなく，前者の選手のプレーに対する反応の仕方はほぼ無限にあるのです。「おや，あの人はそういう動きをするのか。それなら私はこう動こう」というように続いていきます。それらのプレーは誰かから期待されるものがあっても，それをそのまま実行しているわけではなく，行動の形成はそれぞれの選手の主体性にもとづいています。目標に向かって相互依存的に組織立って流動的に連携していくのです[15]。このような仕組みは，会社で仕事をする時はもちろん，家で家事を分担する時や，友達と一緒に旅行をする時でも，さまざまな場面で作ることができるはずです。

　このような状況では，他者の期待が行動を具体的に固定してしまうことはなく，そこに創意や工夫を加えて，他の役割との相互影響を想定しつつ行動することで，仲間の他者に対する新たな期待が創出されます。その他者もその期待に創意や工夫を加えて行動をする

15　これはミード（Mead, 1934）が「ゲーム」と呼んだ状況に似ていますが，ミードの「ゲーム」というのは，仲間に割り当てられた役割を考慮しつつ自分の役割を演じることが特徴です。しかし「主体性のジレンマ」が解決するこの状況は，割り当てられた役割に完全には沿わず，各自が自由にズレながらも組織立つことが特徴です。

という連鎖が続き，結果的に，当初に全体に期待された目標が達成されれば，自分の行動は全体への期待に応えることになります。期待からすこしズレた行動に主体性を自覚できますし，最終的に期待に応えることになるので肯定的な自己評価を得ることもできるでしょう。このような状況で「主体性のジレンマ」は根本解決できるのです。

　同じサッカーでも幼い子どもたちがプレーをした場合には，全員が一斉にボールに群がってしまい，相手ゴールにもなかなかうまく向かっていけなくなることがあります。客観的には一人ひとりが主体的な行動をしているように見えますが，集団全体のことを考えずに勝手に行動しているだけです。これでは主体性が自覚されることもありません。

　「指示待ち人間」，「マニュアル世代」などの言葉が使われることもあるように，現代社会の労働場面では他者の期待を受動的に取得し，そのまま実行する単なる役割演技をすることも少なくありません。その典型的な例として，リッツア（Ritzer, 1996）はファーストフード・レストランを取り上げて，従業員の接客や調理の行動のほとんどがマニュアル化されていることを指摘しました。しかし，現代社会であってもそのようなやり方ばかりでなく，複数の人々で期待と行動を相互に刻々と変えながら目標達成に向かって課題遂行していくという，役割形成（Turner, 1962）をする場合もあるということです[16]。

_____

16　この過程について自他を包括するメタレベルの視点からみれば，マンハイム（Mannheim, 1940）のいう「実質的合理性」ということになるでしょう。「合理的」というのは，あらかじめ定められた目標に達するように一連の行動が組織され，それにともなう行動の各要素に機能的な位置や役割が与えられているという意味で用いられています。そして，自分の行動が全体の目的にどのように寄与し，自己が全体の中でいかなる機能的役割をもつか，という自覚をもち，課題との関係を個人が独立に洞察し，判断しつつ行為する場合が「実質的合理性」です。

　このような課題遂行過程を含む関係は一般的に集団と呼ばれるものの1つです。集団という概念は日常生活でもさまざまな使われ方をしますし，研究者の中でも一貫した用いられ方はしていません。最も広義には，集団の境界が存在して他と区別することができれば，知覚者の頭の中にしか存在せず実体がなくても集団と呼ぶ場合があるほどです。一方で，共有された目標への成員間の相互依存性に特徴づけられる力動的統一体を集団と呼ぶ場合もあります。上述した「主体性のジレンマ」の解決となる集団は後者に含まれますが，その中でもさらに狭義の集団として定義すべきものです。本書ではこれを「役割形成集団」と呼ぶことにしたいと思います。すなわち，期待に規定されない部分も含めた行動がその都度協調し合って目標達成に向かっている相互依存的集団です。力動的統一体として課題遂行していたり相互依存的であったりするという条件だけでは，成員の遂行がマニュアル化されていてもよいことになりますし，例えば綱引きのように，皆で既定の同一内容の行動をしてもよいことになってしまいます。そうではなく，このジレンマの解決のためには，共有された目標の達成に向けて，割り当てられた期待に収まらない行動を相互依存的な役割として各自が形成し続ける力動的な過程を含んだ集団であることが必要です。

14　役割形成集団でのジレンマ解決

　「主体性のジレンマ」が解決する役割形成集団で具体的にどのようなことが起きるのかという例を見てみましょう。ジンバルド（Zimbardo, 2007; 鬼澤・中山訳, 2015）が行った有名な「監獄実験」では，「主体性のジレンマ」が解決される役割形成集団がつくり出されています。
　実験は大学生に協力してもらい，大学内につくられた模擬監獄で

２週間過ごしてもらうというものです。看守役か囚人役かは無作為に分けられました。言い換えると，看守役になった人がもともと特に暴力的でもなければ権威主義者ということもなく，囚人役になった人が特に従順でも反抗的でもないということです。

　最初のうちは，看守役も囚人役も演技がぎこちなく，なかなか役柄に入り込むことができなかったようです。つまり，期待された役割を主体的に行うことができなかったと言えます。看守が囚人たちに向かって監獄内の規則を徹底させようと真剣に読み上げている最中にも，囚人たちは不真面目にニヤついたりしているような雰囲気で，まさに看守や囚人の「仮面」を被っていただけでした。しかし看守役と囚人役の関係は徐々に馴染んでいき，行動は次第にエスカレートしていったのです。

　例えば，囚人役に「どんな気分だ？」と声をかけては，「素晴らしい気分であります，刑務官殿」と言わせるなど，上下関係が徹底させられました。他にも，腹筋運動をさせながら規則を大声で復唱させ，全員が暗記できるまで何度も繰り返させるなど，肉体的な懲罰も頻繁に用いられました。そして，夜中に囚人たちを叩き起こして点呼を始め，ミスがあれば腕立て伏せをさせるなどの罰を与え，小一時間それを繰り返すということも何度も行われました。トイレは回数や時間を制限していましたし，皿洗いや素手でのトイレ掃除，毛布の毛玉を取るなど無駄に厳しく時間のかかる雑役をさせたのです。しかもこれらの規則や懲罰は実験者が具体的に命じたことではなく，看守役が自主的に考えだしたということが特に重要です。

　実験を数日続ける内に，ますます本当の看守と囚人へと変わっていきました。囚人達は監獄の悲惨な状況に対して散々苦情を言い，看守達の嫌がらせに対して必死で反逆していましたので，実験を途中で放棄できることを実験者が示唆したのですが，誰ひとりとしてそれを実行しようとする者はいなかったのです。もちろん，実験参

加に対する報酬が惜しかったわけではないことは確認されています。

　ある看守役の参加者は，実験前に「僕は平和主義者だし，攻撃型の性格ではないので……虐待したりすることは想像できません」と語っていましたが，いざ実験になると，夕食を食べようとしない囚人に憎しみを感じて独房に閉じ込め，ドアを警棒で何度も叩いたうえ無理やり食べさせようと顔に食べ物を押し付けるなどの虐待をしたのです。そして，そのような行為が残酷だったことに気づいたのは実験を終えた数週間後だったそうです。

　看守からのさまざまな虐待があまりに過激なものになりすぎたため，実験は1週間で切り上げられました。実験終了後のインタビューでは，看守役だった者達が主体性を自覚しながら行動していた様子が次々と報告されました。ある看守は「囚人を『家畜』も同然と見なし，こいつらが何かしでかさないように見張っていなければ，と思いつづけていました」と告白し，また別の看守は，「気がついたら，家でも母親に向かって偉そうに命令を出してたよ」と打ち明けています。さらに別の看守は，囚人が面会に来た両親と話す際に，話してよい内容をコントロールするため面会中にも好き放題に口をはさみ，看守としての支配力を発揮したことを心から楽しめたと回想しています。

　この監獄実験では，看守と囚人の役割行動が固定的に決められていたものではなく，アドリブでつくり上げられていったことが特徴的です。実験者からの最初の期待は具体的なものではなく，行動の詳細は各自が相手との実際の相互作用の中で主体的につくられていくという役割形成集団が成立しています。その結果，期待されていた看守や囚人の役割行動が主体的に実行され，「本当の自分」として自覚される部分としっかり結びついてしまったのです。

　監獄実験の例はあまりに特殊すぎて，役割形成集団は滅多にない

　ものだと思ってしまうかもしれませんが，それほど珍しいということはなく，一般的な仕事をする集団としてもごく普通に存在しています。

　アルバイトにはいろいろな種類の仕事があり，例えば，同じ飲食店でも大手チェーン店と家族で経営している小規模なお店では，アルバイトがしている仕事内容も少し異なりますし，その仕事内容によって，他者の期待に沿った行動が「本当の自分」から生じると感じられるようになるかどうかも変わってきます。調査したところ，アルバイトの仕事内容に「工夫・裁量」（「仕事をする際，自分で何か工夫をしていた」，「自分の裁量でできる仕事を任されていた」）のような特徴があるほど，その仕事に「主体性の自覚」（「……その自分は本当の自分だと感じていた」「……自分からすすんで仕事に取り組んでいた」）が強く感じられていたのです（田島, 2011）。自分で工夫や裁量をすることによって主体性を自覚するという状況は大学生のアルバイトでも得られるようです。

　大学生のアルバイトに比べると，組織で働く一般的な社員などの方が各自の判断で仕事の内容を自らがつくっていく部分は多いかもしれません。そのようないわば余白部分の仕事は「組織市民行動」と呼ばれています。これは，「従業員が行う任意の行動のうち，彼らにとって正式な職務の必要条件ではない行動で，それによって組織の効果的機能を促進する行動（Organ, 1988, pp. 4-5）」と説明されています。つまり，他者の期待そのままの行動ではないが組織全体の目標達成に沿った機能を促進する行動という点で役割形成集団での行動に類似しています。

　組織市民行動を測定する尺度の項目には，「あなたは決められた仕事以外のことにも積極的に取り組みますか」（田中他, 1998）や，「自分から積極的に仕事を見つける」「他の部署にいる人の仕事を助けてあげる」（田中, 2002）などがあります。組織内で他者の役割と

協調しながら柔軟に役割形成している状態を測定するものと思われます。そしてこれらの組織市民行動は，会社に尽くそうという気持ちや，会社にとって必要な仕事に対する意欲，会社の理想や価値観が自身にとって大切な程度，などのような組織コミットメントの程度と正の相関関係にあることが見出されており，これらは主体性の自覚と関連しているように思います。

15　ジレンマ解決と本来の自己の成立

　役割形成集団が成立した時，内界では以下のようなことが起きていると考えられます。

　まず1つは，集団の主体性をもつように外界にかかわり，その立場から自分を対象としてみるようになります。わかりやすく言えば，リーダーのような目線から顧みるということです。役割形成集団では自分の個人レベルの主体性にもとづいて行動するのはもちろんですが，それだけでは自分勝手な行動になってしまうまく役割形成できません。集団からの期待に応えられるよう自分と他者をうまく協調させるためには，各個人が集団の主体性をもつように「集団全体が目標とする状態になることを自分も望む」という態度をともなって外界にかかわる必要があります。集団の主体性というのは，集団全体の目標を達成するための外界とのかかわりをもたらすと仮定されるものです。

　集団の主体性というと，まるで集団を動かす生き物がいるかのようで不思議に感じられるかもしれませんが，そうではありません。個人レベルの目標が単に寄せ集まっただけではできないはずの集団の目標へと向かう行動が起きている時，そのような行動をもたらす主体性が個人内にあることを仮定して，そう呼んでいるのです[17]。例えば，集団全体のために犠牲となる行動をとったり，自分が活躍

したくても実力のある他の成員にすすんで出番を譲ったりするのは集団の主体性ならではの行動です。一人ひとりのメンバーがそのような集団の主体性をもちながら，同時に個人の主体性ももっており，それらがともに行動を起こす出どころになっていると仮定しなければ役割形成は説明できません。

　さきほど例に挙げたサッカーの場合では，チーム全体で相手ゴールにボールを入れることを目指すという集団の主体性が各個人になければ得点につながる連携プレーはできません。サッカー以外の仕事の場合にも，われわれは人や物事の動きを包括的な視点から理解しているはずです。「あの人があのように仕事を進めるのなら，私はもっとこのように進めた方がうまく噛み合うかな」のような工夫は，集団の主体性からの視点もなければできないことでしょう。

　木村（1995）はこの仕組について合奏音楽の例を挙げながら説明しています。各メンバーはそれぞれ自分の楽器の音をよく聴きながら音楽を演奏するだけではなく，それとならんで，あるいはむしろそれよりもはるかに強く，全員が演奏している音楽全体を聴きながら演奏しているのであり，「全体的な音楽環境との関係を維持する集団的主体性によって規制されている（p. 30）」と言います。木村はそこに個人の主体性と集団の主体性との二重主体構造があると考えており，その構造は，合奏音楽以外にも集団行動を遂行するあらゆる場面に認められるとしています。

　これら2つの主体性は単に並存しているというよりも，集団の主体性が上位で，下位に個人の主体性があるという重層的な構造をイメージした方がよいでしょう。集団の主体性から個人の主体性に行

［前ページ］17　ル・ボン（Le Bon, 1895）のいう群衆の精神や，マクドゥーガル（McDougall, 1973）のいう集団心のように，個人の精神とはっきり区別されるような集団独自の心の存在を指しているわけではありません。あくまでも個人の行動をもたらす出どころの1つとして仮定しています。

動を期待するような関係です。集団の目標を達成するために「メンバーの一人として〇〇した方がいい」などと期待しますが，これは個人の中の集団の主体性から個人の主体性に向けて期待されます。その期待に応えつつも完全に沿うわけではないという役割形成をすることで，集団の主体性から個人の主体性をみるようになり，結果として主体性を自覚できるようになるのです。

　2つ目に，集団の主体性をもつことで，集団で公認される基準に沿って自己評価できるようになります。まず，評価というものは目標がなければ成り立ちません。例えば，「楽しいパーティーをしたい」という目標の集団では，笑顔で明るくにぎやかに話す人は目標達成を促進する対象として肯定的な評価を受けますが，「おごそかなお葬式をしたい」という目標の集団では，同じ行動をとる人は目標達成を妨害する対象として否定的な評価を受けることになるでしょう。

　集団の主体性を個人がもつことで，集団からの評価は自分からの評価にもなります。チームスポーツなどで勝利した時には活躍したメンバーの評価が集団内で高くなりますが，集団の目標を自分の目標としても取り入れること，すなわち集団の主体性をもっていることで，自分も活躍した他のメンバーを心からほめたくなるでしょう。このような状況で評価の対象が自分自身になった時に，はじめて自己評価というものを得ることになります。しかもそれは単なる自己満足の評価ではなく，他の成員からも同様の評価が得られて公認されるものであり，社会的な自己評価を他者と共有することになるのです。

　3つ目に，「主体性のジレンマ」が解決して，主体性の自覚と自己評価が同じ場面で成立します。他者の期待に応える行動を評価されたとしても，そこに主体性が自覚されていなければ，表面的で自分の付属物のように感じるところが評価されているにすぎないこと

になってしまいますが，同じ行動に対して主体性の自覚と自己評価
が両立すれば，「本当の自分」と感じる部分の評価が得られるのです。
役割形成集団において「主体性のジレンマ」が解決する場面では，「本
当の自分」から生じるように感じられる行動と，肯定的に自己評価
される行動が一致して公認されます。これによって，外界にかかわ
る主体としての自分であり，かつ，社会的な対象となった自分が重
なったものとしての本来の自己というものが誕生するのです。

2章
一貫性のジレンマ
─なぜ引きこもって「自分探し」をしてしまうのか

　主体性のある自己が顧みられていないうちは，矛盾するバラバラな行動をしていても気にならないかもしれません。しかし前章で述べたようにそのような自己を顧みることができるようになると，その自己を一貫させたいという気持ちが次に出てくるようです。しかしそれと同時に，外界に適応して肯定的な自己評価を得たいという気持ちが引き続きありますから，それらはなかなかうまく両立せず，また次のジレンマが生まれてしまいます。

1　われわれは自己の一貫性を求めている

　「まるで人が変わってしまったようだ」という表現はあまり良い意味では使われません。むしろそこに何らかの怖さを感じるものではないでしょうか。例えば，ある種の認知症は人格の変化がともなうことがあります。認知症で人が変わったようになってしまうことは，周囲の人にとっても困ることであるのはもちろんですが，「自分もいつか認知症になったら怖い」と思わせる要因の1つにもなっているように思います。同じ怖さは薬物使用による人格の障害や，

洗脳に対しても感じられることでしょう。自分の「人が変わってしまう」ことに怖さを感じるのは，逆に言えば，一貫した自分であると感じていたいということです。

　また，「自分らしく」「私らしく」などの語は，自己啓発書の題名や流行歌の歌詞に含まれているのをよく見かけます。一人で好きなことをしている時だけ「本当の自分」でいられるのではなく，他の場面でも「本当の自分」を一貫させたいという気持があるために，このような表現が使われるのではないかと思われます。

　自己をまとまりのある一貫したものであるととらえようとする傾向があるということは，古くから多くの研究者によって指摘されています。例えばレッキー（Lecky, 1945）は，人には，自己の内部の価値に矛盾がなく一貫した体制を維持できるように行動し，自己と矛盾するような同化できない外部の価値には抵抗する傾向があると指摘しています。そして，自己を一貫できるかどうかでさまざまな情動的状態が引き起こされるとしており，例えば，自己の統一した感じを強める経験は「喜び」となり，自己に同化させることのできない対象に感じられる衝動は「憎悪」という情動を引き起こすとしています。

　また，スワンとヒル（Swann & Hill, 1982）も，自己概念を一貫させようとする傾向があると仮定して，自己概念に反する情報を与えたらどうなるかを検討する実験を行っています。例えば自分自身を従順だと思っている人に「あなたは支配的ですね」というようなフィードバックを与えます。すると，まるでそれに抗議するかのように，自己概念に合致するような行動，つまり実験中に従順な行動が多く現れることが明らかになっています。さらに，キャンベルら（Campbell et al., 1996）の調査では，「全体的に，私は自分がどんな人間であるかについてはっきりした感覚をもっている」のような項目で測定される自己明確性，すなわち，自己概念の内容が明確で

確信をもっており内的に一貫して時間的に安定している程度が高い
ほど，自尊感情が高く神経質傾向が低かったと報告されています。

　昨今は，テレビや雑誌，インターネットなどでさかんに「心理テ
スト」と呼ばれるものが取り上げられ，多くの人たちに楽しまれて
います。心理学の研究で用いられるようなものではなく，遊びとし
て性格や恋愛観などを診断するようなものがそのほとんどですが，
このような「心理テスト」がなぜ世間で面白がられているのかに注
目して，内界の一つの様態を調査してみました（田島, 2018）。

　調査の結果，「心理テスト」を面白いと思う理由は主に二つある
ことがわかりました。一つは「自己確認」とよべる側面で，すでに
自分で思っているような自分であることを確かめて，「やっぱりそ
うだ」，「当たっている」などというところが面白いという意見が含
まれます。もう一つは「自己発見」とよべる側面であり，思ってい
なかったような新しい自分を見出す「へー，自分にはそんなところ
もあるんだ」という面白さです。「心理テスト」を楽しむ際の「自
己確認」と「自己発見」という気持ちが，いわゆる「自分探し」や
心理学ブームの背景となっているのでしょう。

　中でも「自己確認」の方は，今まで思っていたとおりの自分であ
ることを確認したいという気持ちですから，自己を一貫させようと
する動機に関連していると思われます。そこで，この気持ちが自己
を新たな外界適応へと向かわせることにつながるのか調べてみる
と，やはり新しい行動に向かわせることはなく，「自己確認」の程
度が強い人ほど，むしろ，「海外への留学は行く気がしない」，「就
職するならあまり遠くなく地元に近い方がいい」，「慣れていない種
類のアルバイトはやりたくない」，「自分と考え方のまったく違う人
とは仲良くなりたくない」という気持ちが強いという関連が見られ
たのです。

　自分で思っているとおりの自分を一貫した状態で確認したいとい

う気持ちが強いほど，それと矛盾するような外界とのかかわりは内界をおびやかしますから，新しい社会環境に身を投じることに及び腰になっていると考えられます。一貫した自己観を維持することだけを考えれば，できることなら1つの集団にとどまり，かかわる集団をあまり増やしたくないのです。

2　自己の一貫性はどこで問題となるのか

　自己を一貫させようとする傾向は日常生活ではどのような場面で現れてくるでしょうか。例えば，同窓会で旧友に再会した時に，教師になった友人が教師らしい振る舞いになっていたり，企業で営業をしている友人が営業らしい話し方になっていたりして驚くことがよくあります。これは同窓会にありがちな話題の1つと言えるかもしれません。もともとは，教師は生徒や保護者とかかわる場で，営業は顧客や取引先とかかわる場で，それらの役割を遂行することが期待されますが，そうするうちに行動スタイルは内面化してしまい，それが期待されていない同窓会の場にまで一貫して現れてしまうということです。この現象をターナー（Turner, 1978）は「役割と個人との融合」と呼んでおり，退職後にも仕事をしていた頃のように振る舞ってしまう例が挙げられています。

　集団間を行き来する場合には，それぞれの集団で異なる期待に応えようとする一方で，自己を一貫させようとする傾向もあって，これらが両立できず，葛藤による緊張や戸惑いなどが現れることもあるでしょう。中山（1988）は，それがある種の「人見知り」であると述べています。この議論では，自己に価値体系を提供するものをミクロ・コスモス（小宇宙）と呼んでいます。そこでは皆が同質であることに高い価値が付与され，異質であることに恥を感じるような構造になっているということです。そして，このようなミクロ・

コスモスの外部に出て別のミクロ・コスモスへと入る際に，今まで
とは違う異質な内容の同質性を求められるようになるために，ある
種の緊張をともなった「人見知り」が生み出されると言います。そ
こで感じられる緊張とは，それまでのミクロ・コスモス内である程
度安定的に共有され，自己に内面化されている価値観と，目前のミ
クロ・コスモスで新たに期待される同質性との差異によって生じる
と考えられています。期待される内容の非一貫性によって緊張がも
たらされるということです。

　また，アメリカからの帰国子女の適応を追跡調査した南(2000)は，
2つの文化のそれぞれで期待される行動や性格へと切り替えること
ができるようになっている人も，日本人とアメリカ人が同時に混在
する場面で相互作用する時には，行動や性格を一貫させることがで
きず戸惑いやすいことを報告しています。

　自己を一貫させようとしつつも，いつも容易にできるわけではあ
りませんから，それができなければ精神的な不調をもたらす場合も
あるのです。ブロック（Block, 1961）やドナヒューら（Donahue
et al., 1993）の調査では，まず，さまざまな対人場面における自己
概念を測定します。例えば，「仕事をしているとき」や「親といる
とき」など，それぞれの場面でどのような自己であるかを複数の質
問項目に回答させることで測定します。そして，場面間でどの程度
一貫しているかを見るために一人ずつ差を算出します。その結果，
自己が一貫していないほど，つまり場面によって自己が変化してい
る人ほど，精神的な適応状態が悪く，抑うつ傾向などが強まること
が明らかになっています。

3　自己の一貫性が得られない場合の癒やし

　自己を一貫させようとしているのに一貫させることができない場

合には，どのような行動をしたくなるのかと考えてみました。その行動の1つとしてペットに接したくなるということがあるように思います。ペットの中でも特にネコです。

　一般社団法人ペットフード協会（2018）が発表した調査結果によれば，以前はネコよりもイヌの飼育頭数の方が多かったのですが，2017年に逆転してネコの飼育頭数が上回ったということです。理由の1つはイヌの飼育頭数の減少です。イヌは吠えますし運動量も多いので密集した住宅事情でのびのびとイヌを飼うことは難しいということや，イヌの飼育にかかる費用はネコのそれを上回るという点からも，イヌを飼うことに二の足を踏む人が増えているのでしょう。それに対して，ネコの飼育頭数はどちらかといえば増加傾向で，近年ではネコブームの兆しさえ現れているように思えます。

　環境省が行った「ネコカフェの実態について」という調査によれば，2005年に3店舗だったネコカフェは，2015年には300店舗以上に増えています。一般の人が投稿するネコの写真や動画がインターネット上で話題になったり，ネコを題材にしたゲームの流行や雑誌での特集のほか，2月22日（ニャンニャンニャン）に各地でイベントが開かれたりするなど多様な分野で盛り上がりを見せています。このようなネコへの人気の隆盛は，単に「飼いやすいから」という理由だけで片付けられるものではなく，現代社会において自己を一貫させにくいという悩みが多く，それがブームを支えているのではないかと思われるのです。

　これについて調査しました（田島，2017）。まず，イヌよりもネコの方が，「他者の要求や期待と違っても自分のしたいことを自由にする」というイメージでとらえられていました。自己を一貫させることができないと感じる人からみればうらやましい生き方に見えるのでしょう。

　また，公的場面（外で他者に見せている）の自分の性格と，私的

場面（一人でいる時の素のままの）の自分の性格を測定しました。分析ではこれら2つの性格の差を算出して，どれだけ性格を切り替えているかを見ています。それから「飼うとすればネコ・イヌどちらを飼いたいか」という質問をしました。分析の結果，ネコを飼いたいという人は自分の性格の差が場面間で大きく，特に，外では陽気でおしゃべり好きに振る舞っていますが本当は陰気で無口だ，という差が大きかったのです。このような人たちは，自己を一貫させることができない辛さがあるのかもしれません。そう思われる理由は，ネコを飼いたいという人の方が，ネコの性格を親切で温和，寛大であるとイメージしているという特徴があったからです。陽気な「仮面」を外した後に，家で優しく受け入れてくれるネコに癒やしてもらうことを求めているために飼いたいという気持ちがあるのだと思われます[18]。

4　集団間の転入出における自己の一貫性

　自己を一貫させようとする傾向は，例えば家庭と仕事場のような同時期に所属して毎日のように行き来する集団間でも問題になりますが，学校を卒業して別の学校に進学する時や就職する時のように，順次転入出して所属が切り替わる集団間でも同様です。

　近年の若者の職業選択では，「給与が高いか」，「勤務地が近いか」などのような客観的な外的要因だけを選択の手がかりとするのではなく，自分に合った「適職」であることを重視した選択が行われていると指摘されています（安達, 2004; 萩原・櫻井, 2008; 若松, 2010）。「自分らしい仕事」「個性を活かせる仕事」はどれなのか，

18　イヌを飼いたい人の特徴は，公的場面での陽気さが一人になった時にもあまり変わらないところや，悩みがちで不安になりやすいという部分を他者にも隠さずに見せているという特徴がありました。

という視点で選んでいるということです。また，就職活動情報が載っ
ている指南本やインターネットサイトでは，活動を始めるにあたっ
て「自己分析」をすることが推奨されています。これは，自己の内
面と仕事・就職との関係について深く掘り下げる手法で，例えば，
子どもの頃はどのようなことに興味や関心があったか，部活動やア
ルバイトでどのような経験をしたか，など振り返ることをとおして
自分と職業のつながりを発見することを目的としているものです。
自己を一貫させようとする進路選択の特徴の一端がここに現れてい
るとも言えるでしょう。

　就職活動がうまく進まない場合の原因も，自己を一貫させようと
する傾向と関連がありそうです。若松（2001）は，教育学部の学生
を対象として進路が決定しているか未定であるかを質問し，それに
加えて，進路の未決定時にどんな困難さをともなって悩まされてい
るか（いたか）を測定しました。その結果，自己の能力に関する不
安については進路の決定・未決定による違いはほとんど見られな
かったのですが，自分がどのような興味関心をもち，それが進路と
合っているか，自分にどんな好みがあり，どんな進路に向いている
か，などの模索が進路未決定であることと関連していました。同様
に安達（2001）は女子短期大学性を対象として調査したところ，自
分の性格や興味，長所と短所，どんな職業分野に向いているか，な
どの理解に自信をもてない学生は，優れた仕事ができるよう目指し
たり，仕事のために自分を向上させようとしたりする動機が弱かっ
たと報告されています。やはり，自己を一貫させた自分らしい進路
であるとの確信をもてない場合に就職活動が滞ってしまう場合が多
いのだと思われます。

5 内界だけを一貫させる工夫も

　過去の自己が一貫していない場合に，これを内界における工夫で
認知的に一貫させることができます。自己内を統合する自己システ
ム（Bernstein, 1980）がそこに働いているのだと考えられます。つ
まり，バラバラな自分が増えたなと思っても，自分の頭の中でそれ
らを認知的に矛盾のないように考え直して納得するという方法で
す。そのような認知的な処理は子どものころから成長とともにうま
くできるようになっていくようです。

　バーンスタイン（Bernstein, 1980）は，10歳，15歳，20歳を対
象にして，次のような実験をしました。まず，さまざまな社会的状
況での自分の具体的な行為を記述させ，次に，それぞれの行為を抽
象的な自己概念として記述させ，最後に，それらの自己概念を統合
するように記述させたのです。例えば，「学校ではいつも一人ぼっ
ちです」「家では明るく話します」などの記述を「二面性がある性
格です」とまとめることができます。記述された内容は，自分自身
が複雑であることを認識しつつそれらを関連づけて統合しているか
どうかで分類しています。その結果，年齢が上がるとともに社会的
状況に即した行動は多面的に分化して表現されていますが，それに
ともなって統合の程度も高まり，認知的に矛盾なく多様な自己が整
理されていることが明らかになっています。

　ブルーナー（Bruner, 1990）のフォークサイコロジーの立場や，
ガーゲン（Gergen, 1994）の社会構成主義の立場から影響を受けた
「自己自身をどのように語るか」という観点からの研究が近年増え
ています。それらの研究で，「語り」「ナラティブ」「ライフヒストリー」
「ライフストーリー」などさまざまな呼ばれ方をされているアプロー
チは，いずれも自分の過去を思い出してもらい，自己に関する「二

つ以上の出来事をむすびつけて筋立て（やまだ, 2000）」て物語らせるというものです。するとそこでは，過去から現在や未来へと続く自己の一貫性に照らし合わせて，自己の主体的な行動の認知的な再構成が試みられるのです。

　1つ例を挙げましょう。山口（2004）は，旧制中学を3年で中退した89歳の男性の人生の語りの中で，葛藤が統合される事例を紹介しています。家業を継ぐために中退した後の人生について，最初の内は，「仕事しかないつまらない人生だった。ただ暮らすために仕事一点張り。つまらん生活したな。どうしてこういう人生だったのだろうか」や，「本当は上の学校に行きたかったし，上の学校に行ってたらもう少しましな生活ができたかなあと思う」などの，過去に対する否定的な表現もありましたが，面接が進む過程で，「長男だし，他の道の選択はなかった。けど，それは卑怯な言い方かもしれん。自分を通さなかった」という，中学中退という転機を自己の主体性によるものとして自覚する表現や，「40代から50代は仕事だけの生活だった……子どもの教育に全力投球，自分の中学中退のことを思い，子どもには万全をつくしてやろうと考えた」，「次男が出張の途中で（自分が入所する）施設に立ち寄り職員の人に挨拶をしてきてくれた」，「現在，センターで話を聞いてわかるのは中学に行ったおかげ」，と語られるようになり，転機以前の過去からその後の現在へのつながりが矛盾なく一貫した肯定的なストーリーとして再構成されたのです。

　「○○の時に主体的にやっていた○○」や，「△△の場で自らすすんで行った△△」などのように語られた行為の一つひとつは一貫しているとは限らない自己の断片でしかありませんが，それらを組み立てていくことで，自分がどのような性格でどのような人生を歩んでいるどのような人間なのかが内界で構築されていくのです。しかし，複数の異質な自己の側面を意味のある人生の物語として統合す

ることは，人によって得意不得意もあるようです。野村（2002）が行った実験では，ある性格特性語を１つ決めて，それを具体的にあらわすような自分の過去の出来事について語ってもらうという課題を行っていますが，自我同一性の達成が低い人は一貫した語りを構成することが困難で，無関連の発話が多くなってしまうことが明らかになっています。

　自己を認知的に一貫させる過程では手段性の認知がその鍵を握ります。異質な自己だと感じても，一方がもう一方の手段だととらえることができれば矛盾なく納得できるのです。例えば，仕事場での自分が普段の自分と食い違っているように感じられたとしても，生活費を稼ぐという主体性が向かう目的ための手段であると思えば「それも自分だ」と納得できるものです。そのように多面化した自己を認知的に再構成して異質感を減らそうとするのも，自己を一貫させようとする傾向があることの現れです。

　女子大学生を対象に調査してみました（田島，2010a）。「親といるとき」「大学の友人といるとき」「アルバイト先の人といるとき」のそれぞれで，「自己を多面化させていると主観的に感じている程度」を測定したところ，多面化させていると感じるほど，一貫性を自覚するのが難しくなるためか，抑うつや不安の程度が高かったのです。しかし，その側面が何かの役に立つ手段として意味づけられて自分の中で正当化できる場合には，抑うつや不安は高まりませんでした[19]。

　さらに，自己を統合させる際の表現や処理様式についても探ってみました（田島，2010b）。最初に，「あなたが自分自身をそのまま

19　ただし，親といる時の場面では手段性の認知が高い群でも多面性が高まるほど抑うつ・不安が高まっていました。自己が成立する最初の集団としての家族とのかかわりは，他の２つの場面とは違って「本当の自分」を出していたいという思いが強いのかもしれません。

出していると感じる場面」（＝本当の自分の場面）での性格と自分
の行動の特徴などを回答してもらいました。続けて，「上で書いた
自分とは違う自分を出していると感じる，自己にとって何らかの役
に立っている仕事・活動などの場面」（＝手段的場面条件）もしくは，
「上で書いた自分とは違う自分を出していると感じる，仕事や活動
などの関係ではなく，その人と楽しく過ごすためだけの場面」（＝
自己共有場面条件）のいずれかの性格と行動の特徴を回答してもら
いました。

　その結果は予想どおり，手段的場面の自分と本当の自分の場面と
の違いについては矛盾ないよう工夫が加えられた説明が多く，その
ような説明が加えられていた人たちは，場面間の自分の性格に違い
があっても自己の異質感は高まっていませんでした。

6　かかわる集団は増加の一途

　自己を一貫させるために1つの集団にとどまって閉鎖的に生活す
るというのはあまり現実的ではありません。伝統的社会が解体した
ことで，経済や政治が行われる公的領域と家族などと過ごす私的領
域とが分かれる職住分離が進んだこともあり，現代の社会では少な
くともそのような複数の領域で集団にかかわることが一般的です。

　日本において，就業者数の中で自営業主と家族従業者を合わせた
割合は1950年代までは過半数でした。つまり多くは家族で仕事を
していたのです。その割合が，2018年の段階では1割程度にまで
減少しています。代わって増加したのは，雇用されるいわゆるサラ
リーマンです。家族との関係だけでなく，会社での人間関係も重要
な人付き合いの対象に加わったということです。また，1950年代
から1970年代にかけて特に三大都市圏への大規模な人口移動が進
みましたが，現在でも進学や転勤などを機に転居する人は少なくあ

りません。引っ越しすれば，新しい集団に入って新たな生活が始まりますが，情報技術や交通，運送事業が発達したこともあり，転居後も故郷とのかかわりを維持することが容易になっています。他にも，地域住民による自治会や集合住宅の管理組合，子どもの学校のPTAなど，個人がかかわる社会的状況はますます多様になり複雑化しています。

　加藤（1966）は，「人間関係」という語が使われるようになったのは20世紀に入ってからのことであり，それは，かつてないほどに人間関係が難しい問題になったためだと言います。その理由の1つとして挙げているのが，人間相手の職業が激的に増えたことです。多くの人や集団に接する仕事が増えたのと同時に，客としてもそれだけ多くの人や集団と接するようになりました。また，地縁・血縁にもとづく必然的な関係だけに限られることなく，職場や居住地を何のためらいもなく変えていくことで多くの他人とかかわることになったことも理由だと指摘しています。

　大学にいる学生を見てみると，大学の近くで一人暮らしをしている学生でも，生まれ育った地域に住む親や高校時代の友人と頻繁に連絡を取り合う者も多く，もちろん盆や正月には帰省しています。大学では昼間は学科の友人と同じ授業に出席して昼食も一緒に摂るなどしていますが，夕方はサークルや部活動の仲間と活動し，夜はアルバイトに行って社員の人たちと一緒に仕事をしているという人がほとんどです。そして，ある学生は，休日にはアイドルグループのライブに行ってファン仲間と交流しているそうですし，また別の学生は，自分で書いた小説などを休日に即売会で出品しているそうです。個人差はあるものの，大学生も多種多様な多くの集団とかかわって生活していることがわかります。

7　集団間の転入出も増加

　集団間の転入出も以前より増加しています。現代社会では生涯を
通じて所属し続ける集団というのはそれほど多くありません。まず
学校教育について言えば，教育内容の修得が進んでいくため，生徒
の成長にあわせて小学校，中学校などと課程が変わっていきますし，
学年が変わった時にはクラス替えなどもあります。そもそも学校教
育には，社会の階層を固定化させることなく，個人の意志や努力に
よって職業などを選択できるようにするという機能があることは言
うまでもないでしょう。つまり生まれた時に所属する集団から切り
離して再構成するための機会を提供しているのです。

　マンハイム（Mannheim, 1940）は，社会的地位をつくり出す際
にどの集団に高い地位を付与するかを選ぶ基準が近代化にともなっ
て変化したことを指摘しました。大衆のさまざまな階層が社会的，
政治的な統制に参与しうるようになった近代産業社会のこのような
変化を，社会の基本的民主化と呼んでいます。そしてこのような大
衆社会においては，エリートを選ぶ際の3つの基準のうち，血統と
財産という基準は相対的に弱まり，業績という基準が新しく台頭し
てきたと言います。

　また，ヤング（Young, 1958）が指摘しているように，政治的支
配のみならず，職業や富，さまざまな特権などの配分が，生まれつ
きや縁故関係，門閥などによって決められていたのにかわって，近
代になると，才能や受けた教育によって決められるようになりまし
た。その過程で家族制度が弱まると同時に学校制度が強化されたと
言います。このような，世襲ではなく個人の能力や業績にもとづい
て社会的地位や報酬の配分を決める原理は一般にメリトクラシーと
呼ばれています。

　日本でも1960年代以降に大衆社会が本格的に成立したと見られています。後藤（1994）によれば，この頃に，できるだけ大きな企業に就職し，企業内でもできるだけ上位のスタートラインに立つための手段として，教育を媒介とした能力主義的社会編成が成立していったと言います。このような大衆社会の競争に参加する自由は，子どもたちの偏差値競争，社員たちの昇進競争へと姿を変え，機会の平等を実現するものとして肯定的に迎えられ急激に浸透していきました。自分の意志ではどうにもできない出自などで一生が決まってしまうのではなく，自分の努力によって所属する集団を希望することができるようになったのです[20]。

　生まれ育ったコミュニティで親に学び家業を継ぐという近代以前のキャリアパスに比べると，このような社会の変化によって集団を転入出する可能性が高まり選択の幅は広がりました。また，2018年現在で，日本の転職者数は300万人を超えており，過去30年間を見るとゆるやかな増加傾向です。これも集団の転入出を増やす要因の1つとなっています。

　このように，ある程度自由に集団を選択できる社会の仕組みは集団の転入出の機会を増やします。もちろん望ましい側面もありますが，自己を一貫させようとする傾向から見ればむしろマイナスです。自己が変化しすぎる危機となることについては，トフラーが1970年に記した『未来の衝撃』（Toffler, 1970）の中ですでに予測されています。生活の中でさまざまな選択が繰り返されるたびに，自分自身のイメージが次々と変わっていき，「自分に何が残っているのだろうか」という疑問につき当たる，とトフラーは予測します。つ

20　このような変化はこの時期に突然始まったわけではなく，例えば，古代中国では6世紀の隋王朝における科挙という試験制度にもみられる特徴ですし（宮崎，1963），日本では江戸時代（大石，1995）や明治時代（竹内，2015）にも類似の制度がありました。

まり，自由というものをつきつめると自己否定をしてしまうという皮肉な問題が起こると言うのです。自分らしく選択できるはずの世の中で，むしろ自分らしさがわからなくなってしまうのです。

　欧米社会が大衆社会化したと言われてからしばらくして，オシポウ（Osipow, 1976）が1976年に教育職業未決定尺度を，ホランドら（Holland et al., 1977）が1977年に職業決定困難尺度を開発して，この問題が心理学的にも本格的に検討され始めました。同じように日本でも大衆社会化したと言われてからしばらくして，下山が1986年に職業未決定尺度（下山, 1986）を，清水が1990年に進路不決断尺度（清水, 1990）を開発して研究がさかんになっていったことは偶然ではないでしょう。地縁や血縁，生まれながらの属性にしばられることなく職業を選べるようになったという変化が，むしろ自己を一貫させた自分らしい適職を探す難しさをもたらしたのだと思われます。

8　集団ごとに変化するのが適応的

　自己を一貫させたいという側面だけを考えれば，集団場面によって自分を変えたりせず常に同じ自分であり続けたり，かかわる集団を増やさずに一箇所で閉じこもっていたりする方が安定して良いことになります。しかし，外界に対して適応的であるためには，かかわる集団場面ごとに自分を変えることが必要なはずで，そのことを示唆する研究は多くあります。

　榎本（2002）は，大学生を対象とした調査で集団場面による自己概念の違いについて測定しました。その結果を見ると，家族と一緒の時には「めんどくさがり」，「はっきりものを言う」などが高かったのにくらべ，とくに仲の良い友達や好きな異性と一緒の時には「明るい」「おおらか」などが高くなるという特徴があり，場面に特有

の自己概念へと変化するはっきりとした傾向がありました。ランダムに自己概念が変わるわけではないということは，やはり，それぞれの集団場面に特有の期待される自己があり，一般的にわれわれには，その期待に応えるよう変化する柔軟性があるのだと考えられます。

　さまざまな社会場面で適応していくためには，その場その場でどのような行動が期待されているのかを敏感に察知する能力が高い方が良いと示唆されています。リースマン（Riesman, 1961）は，人口が減退する社会に現れてくる他者の期待と好みに敏感な人たちの傾向を「他人指向」と呼びました。その人たちの特徴は，現在の日本社会の人々に見られる特徴と非常に多くの点で重複しています。他人指向型の人間はさまざまな人たちと混じり合い，お互い同士を気にして誰に対してでもすばやく反応する能力をもちあわせているのが最大の特徴で，身近な人たちからも遠く離れた人たちからも送られてくる信号を受信する能力をもつことが，あらゆる場面で健在であることにつながっていると指摘されています。

　また，スナイダー（Snyder, 1974）は，状況や他者の行動を観察して自分の行動が適切になるようコントロールする傾向をセルフ・モニタリングと呼びました。セルフ・モニタリング尺度では，「会話をしているとき，一緒にいる人のごく微妙な表情の変化にも敏感である」などの項目でその程度を測定しています。集団で話し合いをする実験では，セルフ・モニタリングの高い人は，同調的であることが期待された条件では同調的に，自律的であることが期待された条件では自律的に討論するという柔軟性がありました（Snyder & Monson, 1975）。また，複数の職場における調査で，セルフ・モニタリングの高い人の方が仕事の業績が良いことも報告されています。

　そのような柔軟さは外界への適応上良いというだけでなく内界に

とってもプラスの意味をもっています。諸井（1987）は，「何が求められている状況なのかがわかれば，それに応じて自分の行動を調節するのは簡単です」などの質問項目による「自己呈示変容能力」を測定したところ，自己呈示変容能力の得点が高い人ほど社会的不安や孤独感が低いという結果でした。さらに，吉田・高井（2008）の調査では，大学生に誠実性が期待されている講義場面では誠実性へと変化しているほど，また，調和性が期待されている雑談場面では調和性へと変化しているほど自己評価が高いという結果が報告されています。やはり，場面が期待する内容に合わせて柔軟に自己を変化させることは，外界とのかかわりのみならず内界にとっても良いようです。

9　ここに現れる一貫性のジレンマ

　ここに2つ目のジレンマである「一貫性のジレンマ」があります。前章で説明したような役割形成集団で自己が成立すると，それを一貫させようとする傾向がある一方で，複数の集団の異なる期待にそれぞれ応えて適応し自己評価を得ることも求められるのです。集団ごとに異なる期待に応えることと自己を一貫させることの両立は容易ではないために「一貫性のジレンマ」が生じ，かかわる集団の増加にともなって困難やとまどいが起きがちになります。このジレンマが原因の中核となって，自分らしさを求めて躍起になったり，自分探しに駆られたりするのでしょう。

　発達過程においてこのジレンマが最初に起こりやすい時期は第二反抗期です。第二反抗期が始まるのは青年期に入った12～14歳くらいからだとする指摘が多いようです。第一反抗期とともに第二反抗期も自我の発達にかかわっているという見方は一般的ですが，その違いは，自己の主体性を自覚しようとしたジレンマか，自己の一

貫性を得ようとしたジレンマかというところで区別できます。

　家庭という集団の中で子どもとしての自己が成立した後に，友人との集団の中で異なる自己が成立してくれば一貫性が保てず，とまどうのは年齢的にも仕方のないことだと言えるでしょう。また，1つ目の役割形成集団に続いて2つ目でも自己が成立した時に，いつも1つ目の自己を重視して2つ目の集団での行動を調整するとは限りません。むしろ第二反抗期で家族に向けて反発が起きる場合などは，友人集団で成立した自己の方を一貫させようとしていると言えます。

　かかわる集団が増えると自己も増えてくるはずですから，一貫させるのが難しくなってとまどうことも増えるはずですが，そのようなとまどいがあまりなく，まるで「一貫性のジレンマ」が起きていないかのように思われる事例もいくつかあります。それらはどのように理解することができるでしょうか。

　第二反抗期に関する研究を見てみると，この時期に親への反抗や葛藤が生じることを必然としてとらえる研究もありますが，実際には反抗や葛藤をともなわない場合も多いことが報告されています（白井，1997）。住田（1995）は，子どもたちが反抗しなくなった理由として，親の権威が喪失し，親が子どもの自由を尊重するようになったために反抗する必要がなくなったのだとしていますが，これはすなわち，子どもにとって家庭という集団で成立する自己と，友人集団で成立する自己とが類似してきたために一貫性を保ちやすくなったと言い換えることができるのではないでしょうか。家庭でも友人集団でも同じ自分でいられるということです。

　友達のような関係性の親子を「友達親子」と表現して，2000年前後には雑誌などで取り上げられたこともありましたが，このことも家庭と友人集団が類似してきたことの現れだと思われます。これは自己を一貫させようとしていないのではなく，それぞれの集団で

の期待が類似してきたために反抗や葛藤が少なくなったと考えられます。期待される内容の差異が大きくて葛藤しそうな集団は避け，自分らしくいられそうなところだけを選んでいけば，それほど強い反抗や葛藤を経験せずにすむはずです。

　また，期待の差異が大きいように見えても自己の一貫性を求めないかのように思われる例もあります。高石（2000）は，「真面目な学生のわたし」と「ストーキングするわたし」のように，まったく異質な自己を含んでいるとしても，それらが断片化しているかのようで，自己の一貫性がないことを悩んだり葛藤したりしないという一部の若者の特徴を指摘しています。また，成田（2001）は，相談室に来たある学生が，「友達バージョン」，「母親バージョン」，「バイトバージョン」の顔を使い分けていても，そのように自分が変化することを取り立てて悩んでおらず，面接がかなり進んだ後にようやく「どれが本当の自分なのかわからなくなる」と悩むようになる，という例を紹介し，自己の統合を放棄するかのような傾向が増えた印象だと述べています。このように一貫性を欠く自己に葛藤が生じない，自己の断片化とも呼ばれている現象の存在を指摘するものは少なくありません（浅野, 2006; 土井, 2004; 桐山, 2010; 中西, 2004; 渋川・松下, 2010; 高石, 2009）。

　自己の断片化についてガーゲン（Gergen, 1991）は，これがポストモダン社会における自己の特徴の1つだとしています。このような特徴をもつ自己の社会的背景として，それ以前の社会に存在していた共同体での永続した安定的な他者とのつながりが失われる一方で，さまざまな技術や交通の発達にともなって関係をもつ他者の数は増加の一途をたどり，個々の関係に深い親密さが薄れていることが挙げられています。

　その後の研究者も，かかわる他者の増加と浅い関係に着目して，この問題を論じています。例えば高石（2000）は，現代社会では，

電子メディアの普及によって遠くの誰かや別の何かといつでもつながることができる反面，身をおくところに心がなく，全身全霊を傾けてその場に関与するという価値もなくなりつつあると指摘しています。また，桐山（2010）も，コンピュータや携帯電話などによって知識や情報を必要に応じて取り出すことができるようになり，人間をも取り替え可能なパーツととらえる傾向が出てきたことが自己の断片化の背景にあると言います。さらに，電子メディアの普及とは関連させていませんが，中西（2004）も，若者の感情が疎外されており，他者とのかかわりを軽く受け流していることに着目しています。感情表出を抑止して自分をそこから切り離しておくことで，「日常のなかでそれなりに振る舞わなければならないしんどさ（p. 291）」から免れられると述べています。

　たしかに，若者の友人関係についての近年の調査では，互いに深入りせずあたりさわりのないように振る舞うという，いわゆる希薄な関係性が一定の程度で存在し続けているようです（福重, 2006; 岡田, 2007）。同時に，「空気を読む」などの表現が用いられるように，周囲に調子を合わせて当たり障りのない行動をする繊細な付き合い方に苦慮する姿も指摘されています（浅野, 2006）。船津（2006）の行った日本の大学生に対する調査で，親密な他者との関係の中でも「本当の自分でない」と感じる割合が３割程度と顕在化してきていることも，その傍証と言えるのではないでしょうか。

　このような関係性を形成している場合には，その社会的状況で求められることには即応しつつも，実行している言動が本当の自己自身によるものとは感じられず，いわば表面的な仮面をかぶって行動するような状態であると考えられます。そうであれば，友人との関係もその場の期待に応えるだけのものであり，役割形成集団となっていないために自己の主体性を自覚できているとは思えません。仮に家庭で１つ目の自己が成立しているとしても，友人集団で主体性

の自覚をともなって「本当の自分」と感じる2つ目の自己が成立していないのです。異質であっても仮面でしかなく「本当の自分」だと感じないのであれば、一貫していなくても気にならないはずです。

10　変化しなければ一貫性のジレンマは解決しない

　一貫性のジレンマはどのように解決できるのでしょうか。先述したような，内界で認知的に自己を一貫させる方法では，矛盾を減らして一貫性に気づくことはできるとしても，集団での肯定的な自己評価を得られるとは限りません。職場での自分に少し否定性があり納得できないところがある場合に，家庭での自分があるのは実は職場での自分のおかげだと認知的に気づいて納得できたとしても，職場での実際の評価がそれによって高まるわけではないのです。内界にある否定性が受容できるようになるというだけです。

　また，認知的な再構成は過去の出来事を扱うことはできますが，具体的な行動を創出していくわけではありません。そして，あくまでも内界だけを事後的に処理しているにすぎませんから，複数の自己の間に大きな矛盾があり，どうしても一貫性を探し出すことができないなど，認知的な側面だけでは解決が難しい場合もあると思われます。

　一方で，ジンメル（Simmel, 1890）は，生活に変化が少なく感情の動揺が少ない場合よりも，個々の感情，思想，活動の変動が大きく，自我と異なる多様で雑多な個人の反応が出現する方が，それらに共通した不動の部分を一段高次から統合するための主観的な人格感が高まる場合があると述べています。変化する過程にこそ一貫性が見出されるということです。家庭の中だけに引きこもっていたり，職場での異動を嫌がったりするなど，1つの集団に無理にとどまろうとすることは，外界適応をさまたげることもあり得るでしょうし，

自己評価の低下をもたらす場合もあるのに加えて，そもそも自己の一貫性を感じにくくさせるというデメリットもあるのです。

　では，変化しつつも一貫性があるというのはどういうことでしょうか。例えば，車の中からガラス窓を通して外を見た時に，もしガラスに小さなよごれが付いていてもあまり気にならないかもしれませんが，車が動き出して風景も動くと，ガラスのよごれだけが止まっているので目立ってくることでしょう。これは変化する中に一貫する部分を見出す仕組みの1つです。自己の場合も同様に，1つの集団に居続けていたらむしろ自分らしさを感じにくいのですが，異なる集団場面で少し変化する自分も経験することによって，集団が変わっても一貫する自分の部分が感じられるようになるということです。

　例えば，会社員になってから「君は正義感が強いなあ」と言われ，そう言えば学生時代にも言われたことがあったなあと思い出し，これが自分の特徴なのかと思う場合などです。学生時代の生活と会社の仕事はだいぶ内容が異なるはずですが，異なる行動の中に共通して正義感の強さがにじみ出る時に自己の一貫性が現れることがあるわけです。また，俳優が役を演じる際にはあらかじめ決められた台本がありますが，演技について指示されている内容はそれほど多くなくても，演じる際に俳優の特有の間のとり方や仕草，動きの癖などがそこに加わります。しかしそれが俳優の個性であると気づくのは次の作品に出演した時なのです。違う役を演じるからこそ一貫したその俳優らしさがはっきりと現れてくるものです。

　つまり，かかわる集団が増えて自己が変化することは，一貫性を見出す妨げにはならないどころか不可欠な条件となるのです。

11　異動制の役割形成集団でのジレンマ解決

　自己を一貫させたいが，場面ごとに自己を変化させて期待にも応えたいという「一貫性のジレンマ」を根本解決するための条件を絞り込んでいくと，異動制の役割形成集団で課題遂行するということに突き当たります。役割形成集団で解決するというところまでは前章の「主体性のジレンマ」と同じですが，今度は，役割をともなう位置に属するメンバーが時々入れ替わるという異動制が必要です。家族は役割形成集団の1つですがメンバーの入れ替えはほとんどありません。家族以外でもメンバーがあまり変わらない集団はもちろんありますが，仕事をする集団でも学校でも一定の期間が経つとメンバーが入れ替わり，担う役割が変わる場合がほとんどでしょう。そのような異動制の役割形成集団でこそ，自己の中の一貫する部分がはっきりと認識されてくるのです。

　例えば，ある地域のチンパンジーは，細い木の枝などを道具として使い，穴の中からアリを釣り上げて食べることが知られています。木の枝は普段はそれほど役に立たない存在ですが，穴に入れてアリを釣り上げるという一時的な機能をそこにもたせているのです。もし，自分の指で同じことをしているチンパンジーがいたとしてもわれわれはそれほど驚かないかもしれません。そうではなく，木の枝という替えがきくモノに一時的な機能をもたせたところが重要です。木の枝が折れてしまっても他の似たような木の枝で代用することができますし，同じ木の枝で耳を掻くこともできるかもしれません。そのように機能をもつ道具としての期待をしつつ複数の木の枝を使っていると，「この木の枝は丈夫でいいな」とか「ちょっと短くて使いにくいな」などのような，木の枝による違いが個性として現れてくると思います。

　これと同じように，役割形成集団での成員は独自の一個人として存在すると同時に，ある役割を担って機能を果たす存在でもあります。期待される行動をマニュアルのようにそのまま実行するような関係であれば，誰がやっても同じですから他者の行動の予測もしやすいですし，役割形成集団でも役割を担う個人が変わらなければ慣れて予測や統制もしやすくなるでしょう。しかし異動制の役割形成集団ではそうではありません。他者を予測，統制して効率的な相互作用をするためには，その個人にどのような行動が期待されているかだけでなく，役割を担っている個人が主体的にどのような創意や工夫をしがちであるか知っておく必要があります。そのため，個人がどのような個性をもち，それまでにどのような集団で役割を経験し，どのような知識や経験を保有しているかなどのことを考慮しなければならないのです。

　例えば，「あの人は前の部署でも○○だったらしいよ」とか，「今度の課長は改革派だから」などのように，一貫する個人としてメンバーの特徴を理解しておかなければ周りはうまく協調できません。同じ期待をかけられている仕事であっても違う個人が就けば役割形成が変わるのです。つまり異動制の役割形成集団では，役割に就いて期待に応えることで機能を果たすという側面からメンバーを見るのと同時に，メンバーの「その人らしさ」が関心事になり，それが集団内で公認されるのです。それは自分自身から見れば，自己の変化する中に見られる一貫した部分を認識させることになるのです。

　現代社会では集団間の転入出が活発になり，異動性の役割も増えて自己を一貫させることが危ぶまれる一方で，異動制であるからこそ自己の一貫性が見出されるチャンスが生まれてくるということになります。そして，役割形成集団であれば，自己の主体性と集団からの期待が融合しているわけですから，集団で評価される部分と自分らしいと感じる一貫する自己とが重なります。自己の一貫性と肯

定的な自己評価が同じところに成立するのです。

12　異なる期待が活かされて積み上がる

　異動制の役割形成集団において自分らしさとして感じられるの
は，上述のような異なる役割行動の中に共通して維持されている一
貫性だけではなく，異なる役割行動をとる自己が積み上げられて自
分らしさがつくられていくような一貫性もあります。英語で一貫性
をあらわす"consistency"の語義にも，「言行や主義，思想などが
一致して首尾一貫している」という意味だけではなく，「調和や両
立し，矛盾がない」という意味があります。役割の内容は異なって
いても，前の役割の経験が活かされるような役割を担い，そこで期
待される内容がそれまでの役割の経験が反映されたものであれば，
一連の役割経験によって成長，発達しているという意味での一貫し
た自分らしさがあると感じられるはずです。

　例えば，就職の面接で「学生時代に頑張ったことは何か」と質問
されて，大学で自分なりに創意工夫をしながら主体的に頑張ってい
た活動のことを回答したとします。もし面接で回答した特性が考慮
されて就職が決まり，就職後にはその経験を活かした部署に配属と
なり，学生時代の経験を考慮した期待をかけられる中で役割形成が
できれば，学生時代の自己の上に積み上げられて一貫した自分らし
い仕事が実現することになるでしょう。

　その他にも，主婦や母親としての視点などを活かして会社で自分
らしく仕事ができる場合や，前職の経験を活かして転職先で活躍す
る場合なども考えられます。

　夫または妻と死別した高齢者の適応の過程を検討している室屋ら
(2018, 2019)は，死別後の意識や生活の変化についてインタビュー
調査を行っています。それを見ると，故人の写真に話しかけるなど

しながら新たな生活には踏み出さず，以前のままを維持しようとしている人たちがいる一方で，カラオケや温泉に行くという新しい楽しみを始める人たちもいるようです。注目すべきなのは，死別するまでの看護や介護，看取りなどの自分の経験を活かして，同じ境遇にある人たちを支える会の活動に参加して生き生きとしている人たちです。新たな集団に入って初めての役割を遂行しているのですが，そこでは以前の自己を活かした内容が期待されており，一貫性のあるものになっている例だと思います。単に自分らしさが維持されているというよりも，以前の自己がなければ今の自己もない，というような自分らしさが積み上げられているように思えます。

　別個の集団間ではなく，大きな集団の中にある下位集団の間で個人が異動して自己の一貫性をつくる仕組みもあります。例えば企業などで行われているジョブ・ローテーションです。ジョブ・ローテーションとは社員の人材育成や能力開発を目的として複数の部署を計画的に経験させる人事異動の仕組みです。長期的視点にもとづく教育システムとしての機能をもったもので，日本的経営における人事管理上の特徴の1つとして指摘されてきました（オオウチ, 1981）。

　新規学卒者は暫定的に各部署に配属され，次第に仕事に慣れて社内の事情をのみ込んだ頃，より低次の仕事を後輩たちに譲り，定期人事異動の形をとってさまざまな職場のローテーションを経て，一定以上の経験を積んだ者が管理者になっていくのです（岩田, 1978）。これは，低次の雑務を若者に強制するような後ろ向きの制度ではもちろんありませんし，単にマンネリ化や癒着による不正を防止するためだけにあるのでもありません。後の配属先で役に立つような基礎的経験を新入社員に積ませて，その中で社員の個々の特徴を評価しながら次の配属を決めていったり，管理的役割に就かせたいために，意図的に本人に不足する能力を補うための役割を順次経験させたりするのです。異動は関連の深い領域間で行われて相互

作用による相乗効果を期待したり（小池, 1991），役員への昇進候補者に，かかわりが深いとは言えない業務をあえて経験させて，企業全体をみることができるような視野の拡大を期待したりする場合もあります（石毛, 2008）。

　つまり，経験が浅い時期に就くべき役割を遂行させ，そこで積んだ経験とそこで発揮された個性がうまく活かせるように次の集団へと異動することで，自己を一貫させつつ過去の経験が役に立つように積み上げられていくのです。前の部署での遂行の様子が異動時に伝えられ，それを考慮して次に期待する内容をアレンジするような柔軟性があれば経験が充分に活かされます。無作為にローテーションするというのではなく，各人に合った順序性があり自己がつながっており，それを成長させていく異動です。ジョブ・ローテーションを計画実施する人事部門のような上位集団の主体性から自己を顧みるようになると，下位集団間に現れる一貫した自分らしさと公認される肯定的な自己評価が重なります。これは「一貫性のジレンマ」の解決になる組織的工夫であると言えるでしょう。

13　ジレンマ解決と本来の個人的アイデンティティの成立

　「一貫性のジレンマ」が異動制の役割形成集団で解決すると，内界には次のような変化が起きます。

　まず1つにはジレンマが解決しますから，それぞれの集団からの異なる期待に応える主体的で肯定的に評価される自己と同時に一貫した自己も感じられ，それが集団内で公認されます。自己は多面的であると同時に変わらない部分や成長していく部分もでき，それが自分らしさとなって皆に認められるのです。

　変わる自分と一貫する自分という矛盾するようにも思えるこれらの特徴の両立は，自己自身にとっては重層的に感じられることで矛

盾なく認識されます（図2）。図のBのように感じる場合には，変わる部分と一貫する部分が両方ありますから，もし「あなたは場面によって変わりますか？」などと質問されたら答えに困ってしまうこともあるでしょう。多面的で断片化しているかのように見える自己がそれぞれの集団の期待に合わせた行動をとることができると同時に，通底した「本当の自分」と感じる部分をもっていて自己は一貫しているわけです。

　そのことを調査してみました。高校生349名を対象として，「人は，場面によって性格が変わる場合があります。自分の性格がどのようなものだと感じますか？」と問いかけて図のいずれか一方を選択させました。その結果，Aの単層の自己とBの重層の自己を選択した者の数はそれぞれ117名と232名でした。約1：2の割合です（田島，未発表）。同じ調査を大学生に対してこれまでに合計548名に実施しましたが，単層と重層の選択者数はそれぞれ130名と418名でした。約1：3の割合です。大学生の方が重層的な通底する「本当の自分」があると感じる人の割合が多いようです（田島, 2019）。

　図を見せて一方を選ばせるだけのシンプルな調査ですから，この結果だけで完全に結論づけることはできませんが，年齢が上がるに

図2　単層の自己と重層の自己

したがって異動制の役割形成集団での経験も増え，「一貫性のジレンマ」が解決する機会が増えるために通底する「本当の自分」があると感じる人の割合が増えることを示しているのかもしれません。

　では，このような通底する「本当の自分」があると感じる人はどのような特徴をもっているでしょうか。通底する「本当の自分」があれば場面ごとに変化する自己の部分にはそれほど依存せずに安定するのではないか，と思われます。日常で「芯が強い」「自分を持っている」などと表現されるような人のイメージです。例えば，他者と一緒にいる場面に依存せずに「自分」という感覚がしっかり維持されているのであれば，孤独にも耐えられるのではないでしょうか。「私は寂しがりなほうだ」「一人で夕食を食べるのは耐えられない」などの項目で孤独耐性があるかを測定して調査しました。その結果，予想したとおり重層的で「本当の自分」を感じている人の方が耐性があり孤独に強いことがわかりました[21]。

　このような「一貫性のジレンマ」が解決した状態は，本来の個人的アイデンティティが成立した状態と言えるでしょう。個人的アイデンティティというのは，他者と区別できる特徴で個人を認識することとして扱われることもある概念ですが，それだけでは含まれるものがやや大きすぎるように思います。

　例えば，指紋や声紋は自己を他者から区別できる情報ですし，珍しいものを所有していることや有名人と知り合いであるなどもそれに含まれるかもしれません。しかし，それらはただの周辺的な情報にすぎず，「本当の自分」から離れていると感じる部分の特徴は，

21　「本当の自分」という，どちらかといえば良いところが通底する一方で，悪いところも通底してしまうことも明らかになりました。重層的な自己を選択した人の方が，対人関係における否定的な出来事に気持ちの立ち直りが悪い傾向があり，ストレス耐性が低い傾向があったのです。例えば，学校や仕事で嫌なことがあった際に，家に帰って家族と接している時まで引きずりやすい傾向があるということです。

たとえそれが他者から区別できるものだとしても自分そのものだと
は感じないはずです。やはり主体的な自己を含んだ特徴で区別でき
なければアイデンティティとして不十分ではないでしょうか。

　また，自己の特徴は他者と見比べさえすれば自動的に顕在化して
くるわけではありません。比較する他者にも同じ期待がかけられて
いなければ見比べることはありませんし，独自の特徴として目立っ
てこないはずです。例えば，もし仮に伝統的性役割が期待されてい
る社会であったとしたら，男性は家事の能力について女性とあまり
比較しないでしょうし，女性は会社での仕事の能力について男性と
あまり比較しないでしょう。比較は同じ期待がかかる集団内で生じ
るのです。

　そして，主体的な特徴には一時的に顕在化したり変化したりする
部分がありますが，やはり一貫する自分らしさに結びついている部
分でなければアイデンティティとして安定しません。さらに，自分
が自身を定義していると思い込んでいるだけの内容では誰も共有し
てくれません。他者と一緒に具体的な課題にかかわる過程で現れる
ものでなければ，単なる自己満足に終わってしまうでしょう。

　やはり本来は，「本当の自分」と感じる主体性が一貫して自分ら
しさと感じられ，そこに他者からも対象として公認される機能的な
評価をともなってはじめて個人的アイデンティティになるととらえ
た方が良いのではないでしょうか。それは内界だけで成立するので
はなく，異動制の役割形成集団をとおして外界にかかわるところに
成立するものです。

3 章
仲間感のジレンマ
─なぜ暇なほど「いじめ」が起きるのか

　無人島に行って一人で生活することを想像してみてください。忙しく作業などをしている時には平気かもしれませんが，ふとした時に「一人ぼっちだなあ」と寂しく嫌な気持ちになることがあると思います。忙しく作業などをしている時というのは外界に適応している時です。そういう時に寂しいとはあまり感じないものですが，内界に意識が向かうと，自分がたった一人で外界にかかわっていることを認識してしまうわけです。そこで寂しく嫌な気持ちになってしまうのは，そのような内界を望んでいないということであり，逆に言えば，外界とのかかわりを仲間と一緒にしているという内界を求める傾向があるということです。

　この章では，外界とのかかわりを仲間と一緒にしようとする傾向が，外界適応の側面だけで理解することができるのか，それともそのような内界を求めていると理解した方がよいのか，というところから話を進め，後半はそこに現れるジレンマの様相と，その解決策を探っていきたいと思います。

1　外界とのかかわりで求められるのは

　われわれは主体として外界にかかわって生きていかなければいけません。生まれてすぐはうまくできなくても，「コップは倒してはいけない」「ノブを回すとドアが開く」など徐々に覚えていきます。日常で繰り返し経験することによって「こういう時はこうすればいい」などのように適切な対応ができるようになり，認知や評価，判断などを変化させながら行動を調整しつつ外界に適応していくのです。

　外界とのかかわりを決める際の指針は科学的研究の成果を頼りにして得ることができる場合もあります。科学は繰り返し起こることしか研究対象にできないという制限がありますが，例えば梅や桜の花は毎年咲きますから，植物学や気象学の研究成果によって開花時期がある程度予測でき，安心してお花見の予約をすることができます。望むものではありませんが地震も繰り返し起きていますから，これまでのデータから，津波の心配があるかどうかは地震発生後すぐに知ることができ，避難すべきか判断できます。

　しかし，このようなやり方で外界とのかかわりの方針を決めることができない場合も多く，自分がどのように外界に向き合えばよいのか，自分と外界との関係はどうあるべきか，正解はなかなかわからず不安になることもあるでしょう。「絶対に売れる」と思っていた商品がまったく売れなかったり，「あの人と結婚して本当に大丈夫？」と言われたり，「自分の子育ては厳しすぎるかな」と思うと「もっと厳しくても良いくらいだ」と言う人もいたりするかもしれません。このようなことが続けば，自分が外界を正しく認識し，うまくかかわることができているのか不安になってもおかしくありません。

　外界とのかかわりについて安心するために私たちはどうしている
のでしょうか。

　この問題を考えるために，まずはフェスティンガー（Festinger,
1950, 1954）の議論の枠組みを参考にしてみましょう。この議論で
は，まず，人には自分の意見や能力を評価したいという動因がある
と仮定されています。その理由は，外界適応するためには自分の意
見が妥当であるか，能力はどの程度であるかなどをはっきりさせて
おく必要があるからだと考えられています。例えば，地面の裂け目
を越える際に自分のジャンプの能力を正しく評価していなければ間
違いなく危険です。そして，評価が妥当であるかどうかをはっきり
させるには，意見や能力を客観的に評価することが必要です。例え
ば，実際にジャンプしてみて，成功すれば自分の評価は正しかった
とわかり，失敗すれば正しくなかったとわかります。外界と直接か
かわった結果として妥当なかかわり方が徐々にわかってくるという
わけです。

　しかし，外界と実際にかかわって自分で何度も確かめることがで
きないことも多いはずです。例えば，むやみに地面の裂け目をジャ
ンプしてみることはできません。他にも，「どの企業に就職すれば
安泰か」，「災害の備えはどの程度しておけばよいか」など，実際の
生活の中では妥当かどうかを気楽に何度も試してみることができな
いことがほとんどです。そのような場合に，われわれは他者との比
較を行うと仮定されています[22]。実際に試してみることができない
場合でも，他者と意見や能力を比較して，似ていれば妥当性が得ら
れると考えられているのです。実際に試して外界とのかかわりから
得られるのは「物理的実在性」，他者との類似から得られるのは「社

22　高田（1974）の行った実験では，客観的な正誤の情報が得られない状況におか
　れることで，同じ課題を遂行している他者の行動を特に強く知ろうとするよう
　になるという仮説に沿った結果が得られています。

会的実在性」とそれぞれ呼ばれており，これらが意見や能力の妥当性を得る際の源泉になると言います。

2　外界とのかかわりを他者と類似させる

　天文学がそれほど発達していなかった時代には，例えば日蝕や流星群などを見た時に，悪いことが起きる前触れだと皆が言えばそのように恐ろしく見え，吉兆だと言われればそのように信じられてくるということもあったのでしょう。物理的実在性にもとづいた判断ができなければ社会的実在性に頼る割合は多くなるのは当然です。

　たまにしか起こらない珍しい出来事だけでなく，日常のありふれたことについても同様です。朱に交われば赤くなるということわざがあるように，一緒にいる他者と考えが似かよってくることはよくあります。ニューカム（Newcomb, 1952）が，かつてベニントン大学で行った調査では，保守的な政治的態度をもって入学した学生が，大学のリベラルな価値観に徐々に染まっていく実態が明らかにされています。卒業後に追跡調査も行われていますが，20年余り経った後にも態度はあまり変化していなかったことが報告されています。日本でも安藤(1966)が福岡女学院において5年余りかけて行った調査があります。自分がキリスト教信者になるかどうかという問題について，中学1年生の時点では主に両親から影響を受けていたのですが，高校3年生の時点では親しい友人仲間の影響が大きくなっていたということです。

　シェリフはこの問題についてよく工夫された実験方法を用いて検討しています（Sherif, 1936）。完全な暗闇の中で小さな光点を見つめていると，それが実際には止まっているにもかかわらず動いているように見える錯覚が起きます。これは自動光点運動と呼ばれています。部屋が暗く周りの様子が一切見えないので，固定された背景

ナカニシヤ出版 心理学図書案内

〒606-8161
京都市左京区一乗寺木ノ本町15番地
tel. 075-723-0111
fax. 075-723-0095
URL http://www.nakanishiya.co.jp/
＊価格は2018年11月現在の本体価格です。
＊最寄りの書店にご注文下さい。

教材心理学［新装版］
心の世界を実験する
木下冨雄他編　2400円

学生が自ら手を下して実験することで心理学の理解を深める、学生実験用の教材セット。ロングセラーの新装版。

アイゼンク教授の心理学ハンドブック
マイケル W.アイゼンク著／
日本語版監修山内光哉　22000円

現代心理学入門の決定版、待望の邦訳！　TEEアプローチに基づき各章を構成。豊富で多彩な内容を効率的に学び、さらに自分で考える術が身につく。

心 理 学 概 論
京都大学心理学連合編　3000円

学部を越えた京都大学気鋭の心理学系研究者達による、正確かつ読みやすい本格的大型テキスト。心理学の先端を支える研究者の養成はここから始まる。

心理学概論［第 2 版］
岡市廣成・鈴木直人監修　3200円

古典から最新トピックまで網羅した学部生向けスタンダード教科書の改訂版。各専門家が実証的根拠・データを提示しつつ、必須内容をわかりやすく解説。

心 理 学 概 論
向井希宏・水野邦夫編　3400円

関連分野を広げ続ける心理学を平易に解説。基本分野はもちろん交通心理や自殺予防といった諸分野まで幅広く取り上げる。

エッセンシャル心理学
長谷川千洋編　2400円

公認心理師の教育の基本である生物－心理－社会モデルを意識し、ブループリントに即した内容をバランスよく解説。コラム等も充実。

現 代 心 理 学 入 門
磯崎三喜年他著　2400円

刺激があれば反応する。その反応の仕方は人さまざまである。それを心理学という方法でどのように見て、そこに何を発見するのか。

がないところでは実際には止まっている光点が動いているように見えるのです。動いて見える振れ幅は個人によってさまざまですが，もちろんこれに客観的な正解はありません。しかし実験参加者にはこれが錯覚であることを説明しないので，本当に動いているのだと思い込みます。このような状況で，光点がどれくらいの距離を動いたと思うか参加者に回答させると，１人で実験に参加する場合には皆がバラバラな値を回答しますが，他者と一緒に参加して値を公表する場合には，実験を何度も繰り返すうちに回答値は徐々に１点に収れんしてくるのです。つまり，自分の外界とのかかわりを他者の外界とのかかわりと類似する方向へと変化させていくのです。

3　外界とのかかわりが類似する他者を求める

　小さな子どもは周りの人の真似をすることが多いですが，知識や経験の少ない子どもにとっては特に，これが安心感をもたらす有効な手段になっていることは間違いありません。小さな子どもは親に向かって「ねえ，これ見て。○○だね」などと自分の思ったことを伝えることがよくあります。それに対して親が「そうだね，○○だね」と言うと，子どもは満足そうにします。これは外界とのかかわりを他者と共有して類似していることを確認する行為だと言えます。他者も自分と同じような外界とのかかわりをしているとわかれば安心できるのでしょう。

　大人になっても「この問題について，他の人はどのように考えているのか聞いてみたい」と思うことはよくありますし，自分と同じように行動している人がいるとわかれば安心します。最近では，日々の食事内容や休日の過ごし方などのような，日常生活のちょっとした事柄を自分の感想を交えつつインターネットを使って多くの他者に公開する人も多くなっています。このような情報発信と他の人か

らこれらに「いいね」と言ってもらうことも，外界とのかかわりを
共有する機能を果たしているのだと思われます。雑談や無駄話に耳
を傾けると，「そうだよねー」「わかる，わかる」「でしょー」など
の言葉が頻繁に聞こえてきます。外界とのかかわりについて類似し
ていることの確認が日常で頻繁に行われていることがわかります。

　他者と類似していることで妥当性が得られれば，「この安心が，
ずっと続いたらいいなあ」と思うのは当然です。寒い日に日なたに
居たくなるのと同じように，安心が得られるような状態を維持しよ
うとして，類似している人に魅力を感じ，一緒に居たくなるはずで
す。そのように考えると，われわれは自分と似ているところが多い
人を好きになる傾向があることにも納得がいくでしょう。

　このことは実験によって確かめることができます。まず，人によっ
て意見が分かれそうないくつかの話題を用意します。例えば「タバ
コは絶対に吸わないほうがいいと思いますか？」，「税金を高くした
ほうがいいと思いますか？」のような質問でもよいでしょう。実験
参加者のＡさんはこれらの質問に自分で回答した後，同じ質問に
対してＢさんが回答したという用紙を受け取ります。その回答をよ
く読んでみると，自分の意見ととてもよく似ていることがわかった
とします。だとすれば，ＡさんはＢさんに魅力を感じることでしょ
う。

　このような実験では，Ａさんが回答した用紙を回収した実験者は，
その回答内容を参考にして架空のＢさんの回答用紙を作ります。つ
まり，ほとんど同じように書き写せば，Ａさんとよく似た意見のＢ
さんの回答用紙を作ることができ，わざと回答内容を変えればＡ
さんと似ていないＢさんの回答用紙を作ることができます。仮に質
問項目が10項目あったとしたら，5項目は同じ意見のまま，残り
の5項目を違う意見に書き換えれば，Ａさんと50％類似したＢさ
んの回答用紙ができあがります。これをＡさんに手渡して，「あな

たと同じ質問について別の人が回答したものです」と説明するのです。実験参加者は，これが自分の回答をもとに作られた回答だと知らずに，本当に誰か他の人が回答したものだと思ってそれを読み，その人にどの程度の魅力を感じたか回答するという手順です。

　このような実験はバーンという研究者を始めとして1960年代から世界中で多く行われましたが，自分の回答との類似性が高いほど，つまり同じ意見の項目の割合が多いほど，その回答者への魅力が高まることが繰り返し確認されています（Byrne, 1971）。自分が妥当であるという安心感のようなものを，類似している他者が提供してくれるからだと考えられています[23]。

4　外界とのかかわりを類似させるのは何のためか

　外界とのかかわりを他者と類似させることは，もちろん外界適応そのものに役立ちます。例えば，スポーツの試合前にチーム内でミーティングをする際には，相手チームの特徴や競技場のコンディションなどの情報を共有し，統一された戦略や戦術を確かめ合うのが必須の作業でしょう。それらが類似していなければ，どうすればよいのか方略が一致せず協調できません。「船頭多くして船山に登る」ということになってしまいます[24]。このように，集団で課題に取り組む際には外界とのかかわりの類似は適応を促進するはずです。

23　他者との態度の一致によって，環境を論理的に正確に理解するための「合意妥当性」が得られるため（Byrne, 1961），そのような他者との相互作用には利益があり，肯定的な関係性の形成を促進すると考えられています。

24　船頭の仕事はもともと一人で行うものであり，車のハンドルを複数の人で操るのが難しいのと同じです。スタイナー（Steiner, 1972）の分類に当てはめれば分割できない課題と言えるでしょう。これに対してチームスポーツは分割できますが協調の難しい加算的課題です。いずれも方針は1つにしなければいけません。そのため，このような集団目標の達成に向けて成員には同調への圧力がかけられます（Festinger, 1950）。

　外界とのかかわりを類似させることの適応上のメリットは集団での課題遂行に限りません。言語の習得やスポーツ，勉強，仕事のやり方など何でもそうですが，それらを学ぶ時に，すべて自分で試行錯誤しながら学習していくのはあまりに非効率的です。これは観察学習の理論（Bandura, 1971）で主に論じられてきたことですが，他者の行動をモデルとして観察することで効率よく学べるということは誰もが経験しているでしょう。モデルにする可能性のある他者の行動は無限にありますが，他者が行動したことで報酬を得たことを見せると，その他者の行動を特にモデルにしやすくなることがわかっています。つまり，成功している人や得をしている人の真似をよくするのです。外界適応上の理にかなっている仕組みと言えるでしょう。

　子どもは他者が話すのをモデルとして言葉を覚えますが，そのうち誰も言わなかったような文章を自ら作り出して話し始めることからもわかるように，観察学習をするプロセスでは，単に表面的な行動だけを丸暗記して真似しているのではありません。例えば，会社の上司が取引先と接しているのを観察してそこから学べることは，言葉遣いや名刺の渡し方などの表面的行動だけではないはずです。相手の会社は自社にとってどのような存在であり，自分はどのような心持ちで接すればよいかなども学び取ります。他者の外界とのかかわりを観察することをとおして，その原理や仕組などを理解し，次の機会に応用させることも可能となり効率よく外界適応を促進させていくのです。

　以上のように考えると，外界とのかかわりを他者と類似させようとする傾向は，外界との妥当なかかわりにつながるものであり，結局のところ外界適応を促進するためにあるのかもしれないと思えてきます。しかし本当にそれだけでしょうか？違う理由もあるのではないか，というのがこの章の議論のポイントです。人は何のために

外界とのかかわりを他者と類似させようとするのでしょうか？

5 外界適応に否定的な場合もある

　外界とのかかわりが他者のそれと類似することは，外界適応にいつもプラスの影響を与えるのでしょうか。妥当なかかわりからズレてしまう可能性はないでしょうか。例えば，地面の裂け目の大きさの認識は自分のジャンプ力によって違うでしょうし，これまで裂け目を越えてきた経験によっても変わるでしょう。つまり能力や経験などの個人差によって外界とのかかわりは独自なものとなるはずです。にもかかわらず他者との比較によって類似させるのは，むしろ自分の外界適応にはマイナスの影響を与えかねません。走り幅跳びの選手たちと一緒に地面の裂け目の判断をしたら大変なことになってしまいます。

　また，社会心理学では「集団思考[25]」という現象が研究されてきました。研究のきっかけになったのは，1961年にアメリカの大統領とその側近たちがキューバ侵攻作戦を決定した議論であり，他にも日本からの真珠湾攻撃やベトナム戦争での失敗などについての議論の分析が行われました。優秀なメンバーが集まっているはずの会議で議論した結果，明らかに愚かで間違った結論を導き出したのは集団思考が起きていたからだというのです。

　集団思考が起きている状況では，意見がまとまってくると反対意見を出しにくくなり，都合のいい情報や意見は取り入れますが，沿わない情報や意見は無視してしまうようになります。そして，安易な結論であっても皆が賛同しはじめると意見はそこに収れんし，決

25　ジャニス（Janis, 1971）が提唱した概念です。"groupthink" の訳で，「集団浅慮」や「集団脳炎」，「グループシンク」などと訳す場合もあります。

定後は状況が変化しても再検討などしようとしなくなってしまうと言われています。特に仲の良い雰囲気を大事にする集団で起きやすい現象だとされていますから，意見を類似させて安心感を得ることが優先されて生じると考えられます[26]。

　集団思考の研究では，これを防ぐための工夫も提案されています。例えば，草案を作る時にはできるだけ客観的事実にもとづいて作ることや，異論や疑問などの意見を出しやすい雰囲気にすること，外部の専門家を加えて議論することなどです。つまり，外界に適応するという目的を中心に据えてそこから離れていかないようにしたり，閉鎖的な集団となって意見を類似させることに執着しすぎないようにしたりすることが，外界適応との乖離を防ぐ策になるようです。それがなければ，外からの情報を捻じ曲げて解釈し，現実からズレていっても誰も異を唱えないという不健全な事態をもたらしてしまいます。

　さらに近年，企業の組織風土についての研究において，不祥事が生まれやすい組織風土の特徴として属人的であることが注目されています（岡本・蒲田, 2006）。この場合の属人的というのは，組織で意思決定にかかわる情報処理をする時に，「提案者は誰か」，「誰がそれに賛成しているか」などの人的要素を重視する一方で，「自社にとってプラスになるか否か」などのことを軽視してしまうことだと言います。つまり，仲間と意見を一致させることばかりを大事に

---

[26] ジャニス（Janis, 1971）は仲間意識の高さを集団思考が起こる条件の1つとしており，他の研究（Flowers, 1977; Fodor & Smith, 1982）では集団凝集性の程度が影響を与えるか検討されていますが仮説は支持されていません。その理由は，実験では凝集性を，参加者が既知か初対面か，集団の成績次第で映画の無料券を貰えるか否か，で操作していたためだと考えられます。初対面の他者との方が，複数の意見を吟味せず早く1つの意見にまとめてしまおうという雰囲気になっても不思議ではありませんし，映画の無料券を貰えるかもしれない場合の方が，外界の課題を正しく解決して良い成績を出そうとするなら集団思考は起きにくいでしょう。

してしまい，外界適応の観点から離れてしまうのです。属人的組織風土のもとでは，集団思考の場合と同様に反対意見が出しにくくなり，「イエスマン」が跋扈するなどの他に，現状認識が甘くなり組織的違反を容認する雰囲気につながると言われています。

　これらの研究で指摘されているのは，外界とのかかわりを他者と類似させようとすることが外界との妥当なかかわりに必ずつながるとは限らず，むしろ外界適応への悪影響が生じる場合があるということです。こうなると，他者と類似させようとする傾向は外界適応を促進するためだけにあるとは考えにくくなってきます。

6　自明の問題までも他者と類似させる意味

　先述したフェスティンガー（Festinger, 1950, 1954）の議論にも少し気になるところがあります。物理的実在性にもとづいて客観的に意見や能力を評価したいものの，それが得られない場合があるので他者との類似による社会的実在性にもとづいて評価するように考えられています。つまり，他者との類似によって安心しようとするやり方は補助的なものであり，あくまでも代用の方法のように読めるのです。

　他者との類似によるやり方が補助的な代用なのであれば，それが物理的実在性にもとづいて得られる客観的な評価と矛盾する場合には，物理的実在性にもとづいた方を優先してもよいはずです。正解が容易にわかるのなら補助的な社会的実在性に頼る必要はないからです。

　アッシュ（Asch, 1951）の行った実験は，上で述べた2つの実在性がぶつかり合うように意図的に操作されたものと言えます。実験参加者に図3のような線分を見せます。Aの線分と同じ長さの線分はBの中のどれかを解答させるものです。ご覧のとおり間違えよう

もないほど簡単な問題で，予備実験ではほとんどの人が正しく解答しています。例えば，図の例では正解は「1」であることが明らかで，図版は目の前に提示されたままなので何度も見て確認できますし，これまでの日常生活における外界とかかわる中での目の感覚と照らし合わせても自信をもって判断できる課題です。解答について他者の意見をききたくなるような不安は感じないと思われます。

　では，この課題に解答する際に，周囲に同席する他の参加者が自分と違う解答をしたらどうなるでしょうか。それを調べることがこの実験の目的です。この図で言えば，他の人たちが「2」と解答するのです。

　結果の報告を読むと，実験参加者は非常に動揺し，自分の目の調子が悪いのかと自信を失ったり，何について問われているのかわからなくなって悩んでしまったりするのです。そして半分以上の参加者が，戸惑いながら少なくとも一度は他の参加者に合わせて間違った解答をしました。確信をもって正解できるはずの極めて簡単な課題であっても，自分の判断だけを頼りに正解を貫き通すことはなかなか難しく，自分の判断の方を変更しようとするほどの激しい動揺が生じることがわかります[27]。

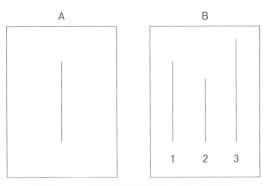

図3　Asch（1951）の実験で用いられた図の例

　他者との類似を求めることが外界適応のための補助的な代用としての役割であるなら，確実な正解を得られるほどの易しい問題では他者の意見を参考にする必要もないはずですが，はっきりと不正解だとわかるはずの解答にも引きずられて同調してしまうことがあるのです[28]。そして，同調しないと他者から変に思われてしまうのではないか，という心配が生じないはずの匿名状況でも同調が起きることもわかっています。ということは，人間にとって，外界とのかかわりを仲間と一緒にしようとすることは，外界適応を促進させるためだけにあるのではなく，外界適応と無関係なことやむしろその妨げになるようなところであっても他者と一緒にしようとする独立した動機がそこに含まれていると思えてきます。外界とのかかわりを仲間と一緒にしていると認識することそのものを求めていることの証左だと考えられないでしょうか。

7　求めているのは内界での仲間感

　チンパンジーと人間の3〜4歳の子どもの課題解決場面を比較した実験で興味深いものがあります（Horner & Whiten, 2005）。あるモデルとなる人の行動をチンパンジーと人間の子どもに見せます。モデルは1つ目の穴に棒を突き刺した後，2つ目の穴にも突き刺して褒美を手に入れます。1つ目の穴に突き刺す動作は見るからに無駄な行為で，褒美を手に入れるのは2つ目の穴に突き刺すだけで十

[前ページ]　27　他者に気に入られるため，あるいは嘲笑を避けるためなどの，いわゆる規範的影響（Deutsch & Gerard, 1955）から同調するのであれば，これほど自信を失うような動揺をともなうとは思えません。目前の具体的な対象への認識が他者と一致しないことそのものからもたらされた動揺なのだと思われます。

28　実験の場に一人でも正しく解答する者がいると，間違った解答への同調は激減することもわかっています。外界とのかかわりを類似させる他者，すなわち仲間とみなす対象をその一人だけに限定するようになるということです。

分なのです。すると，モデルを見たチンパンジーは2つ目の穴にだけ突き刺して褒美を手に入れますが，人間の子どもはモデルを過剰に模倣して1つ目の穴から順に突き刺します。これは褒美を手に入れるうえでは意味がなく，外界適応にまったく役立たない行為をモデルと類似させたことになります。

　人間の子どもは，それが無駄であることが理解できなかったのかもしれないと考えることもできます。そこで別の実験も見てみましょう。今度はすべて人間の子どもで行った実験です（Nielsen, 2006）。手で開けられるような箱をわざわざ道具を使って箱を開けて褒美を手に入れるところを子どもたちに見せます。すると，1歳程度の子どもは手で開けますが，2歳程度の子どもはわざわざ道具を使って箱を開けたのです。年上の子どもの方が，この場合に道具を使うことが外界適応において無駄な行為であること理解できたはずです。それを真似したということは，外界適応のための手段として真似をしたというよりも，自分の外界とのかかわりが他者のそれと類似していると思えること，つまりそのような内界となることに何らかの満足感があるのでしょう。それを重視しているために，外界適応にむしろマイナスとなるような行動までも類似させたのではないでしょうか。これはまさに内界への適応です。

　われわれは憧れている人の真似をすることがよくありますが，その時は真似をしていることそのものが嬉しいものです。中には何の役にも立たないとわかっている行為まで真似をして満足することもあります。憧れのスポーツ選手が試合やレースのスタート前にするちょっとした仕草を真似する場合もあったり，憧れのミュージシャンが演奏している時の体の揺らし方を真似する場合もあったりします。真似しすぎれば無意味なことだと周りからけなされかねませんが，これも内界適応の1つだと言えます。

　仮に，外界適応のためだけに他者と類似しようとするのであれば，

他者と比較するのは外界適応にかかわることに限られてもよいはず
です。これについて，自分と類似した他者に魅力を感じるという現
象を思い出してみましょう。もちろん，仕事仲間であれば仕事に対
する考え方が類似することは大事でしょう。そこが外界適応にかか
わる部分だからです。しかし実際には，外界適応には何の関係もな
いような類似性が親近感のようなものをもたらすことは珍しくあり
ません。例えば，好きな音楽や趣味としてのスポーツなどのような，
外界適応をそれほど促進するとは思えないようなところが類似して
いる他者に仕事仲間として親しみを感じることの説明がつきませ
ん。

　道を塞ぐ大きな障害物をどかすような場合や複数の獣を追い払う
ような場合には，外界とのかかわりを一緒にする仲間がたしかに必
要です。それから，外界とのかかわりに長けた経験豊かな仲間も，
類似させて自分の妥当性を得るために必要です。しかしわれわれに
とって仲間というものは，そのような外界適応のためという意味だ
けではないのでしょう。それだけではなく，「外界とのかかわりを
仲間と一緒にしている」という内界を求めており，そのためにも仲
間が必要なのだと思われます。他者と同じようなやり方で社会に接
している自分を認識したり，世の中への考え方が自分と似ている他
者がいると認識したりする時，そのような内界になることで何らか
の満足感のようなものが得られると考えられます。ここではその気
持ちを「仲間感」と呼ぶことにしたいと思います。

　外界とのかかわりを仲間と一緒にしているという認識が十分に得
られなければ，人はある種の孤独を感じてしまいます。客観的に孤
独かどうかが問題なのではなく，内界で孤独だと認識して感じられ
るものです。その意味では，仲間感と孤独感は部分的には表裏の関
係にあります。

　孤独を感じることはなんとなく嫌な気分になるというだけではあ

りません。これまでの研究では，孤独を感じている人は毎日の食事で脂肪分をより多く摂取していることや（Hawkley & Cacioppo, 2007），孤独であることが死亡リスクを高めるなど（House et al., 1988），健康上の悪影響を与えることが明らかになっています。また，実験的操作によって将来孤独になることを想像させると自制心が低下してしまい，さまざまな場面でがまんができなくなってしまうなどの否定的影響があることも知られています（Twenge et al., 2007）。裏を返せば，仲間感を得ることがそれほど重要だということです。

　そのような孤独感が，自己開示と負の関係にあることは多くの研究によって確かめられています（高木, 2006; 竹内, 2011）。つまり，内界を他者に語って共有することで孤独感は少なくとも一時的には低下するのです。悩み事などを打ち明ける時にも，具体的な解決策を考えて外界に適応するための提案をしてほしいのではなく，内界についての話をきいて受け止めてほしいという場合も多いものですが，そのような自己開示によって心の内を共有してもらうことは孤独を癒やす有効な対処法だということです。デンマークの25人の高齢者が孤独について語った手記を編集したオーレスンとマスン（Olesen & Madsen, 2002; 石黒訳, 2008）は，高齢者宅に訪問して話し相手になるボランティア活動が孤独からの立ち直りに有効であると述べています。そして，孤独から立ち直るのに女性よりも男性の方が苦労しているとの指摘もあります。自己開示はもともと女性の方が多く深い内容を話す傾向がありますから，女性の方が自己開示による内界の共有で孤独が低減されやすいのかもしれません。

　一方で，孤独には肯定的な機能があることも指摘されています。ストー（Storr, 1988）は，多くの小説家や詩人，音楽家，哲学者などの孤独とのかかわり方を考察し，非常に創造的な人々の多くは著しく孤独であり，囚人に強いられた孤独でさえも創造性を促進する

という孤独の利点を指摘しています。これは言い換えると，芸術作品のような創造活動による産物というものは，自分の内界を外に現して他者と共有できるようにしたものであり，孤独な状況によって内界の社会化が妨げられたことの反動として芸術活動が促されることがあるということだと考えられます。それほどに，内界を何とか具現化して社会性を持たせようとする力が強いということではないでしょうか。

8　仲間感は相対的に変動する

　他者と類似しようとする傾向が，内界で仲間感を得ることそのものを求めているためであれば困った問題が起きそうです。外界とのかかわりから離れたところで仲間をつくろうとすれば仲間以外との対比が特に重要になりますから，仲間以外をむやみにつくり出してしまう恐れがあるのです。

　わかりやすくするために物理的な距離の近さを類似性に見立てて説明しましょう（図4）。まず，図の（ア）にあるAとBが仲間と

図4　類似性の認知の相対性

いう感じがするかと問われても、「仲間という感じがするような、しないような」と言う他はないでしょう。要素が2つしかないからです。では図の（イ）はどうでしょう。AとBの距離は同じままですが、新たにCが登場したために、AとBは仲間になった感じがします。それは相対的に離れているCの存在のおかげです。そして図の（ウ）を見てみましょう。新たなDの登場によって今度はAとDが仲間になった感じがして、AとBは仲間ではないように感じると思います。

　「図」を知覚する際には「地」となる部分との対比が必要なように、「私たちは仲間だ」と感じるためには、仲間以外の者との対比が必要なのです。ですから、似ている人たち同士が近くにいても似ていることに気づきにくいものであり、例えば、家族同士が似ていることは家族以外の人と接した時に気づきますし、地域の慣習は引っ越しした先で気づくものです。

　そして、似ていることで仲間のような親しみを感じる程度も相対的に変動します。例えば「絶滅危惧種の保護規制を強化すべき」と考えている人が、同じように「絶滅危惧種の保護規制を強化すべき」と考えているAさんに会った場合、「ああ、やっぱり絶滅危惧種の保護規制を強化すべきだな」と、妥当性が支持されて少しホッとすると考えられます。この時に似ていてうれしいと感じた量は、ある一定量のはずです。しかしAさんに会う時に、他の多くの意見も自分と似ているBさんにも出会ったり、他の多くの意見が自分と異なっているCさんにも出会ったりしたらどうなるでしょうか。「絶滅危惧種の保護」についての意見が類似することで妥当性が得られる量は一定ですから、Aさんから得られる似ていてうれしいと感じる量は、Bさんと他の意見が同じであろうと、Cさんと他の意見が異なっていようと変わらないはずです。

　しかしこれを実験してみると結果はそれと異なります（Mascaro

& Graves, 1973;風間他, 1995)。先ほど紹介したバーンの実験をア
レンジした方法でそれを検討することができますが，10項目中5
項目が自分の意見と同じである50％類似した他者に対して自分と
似ていると感じる程度や魅力は，80％類似した他者も一緒にいる
時よりも20％類似した他者が一緒にいる時の方が高くなります。
50％類似の他者から得られる妥当性は一定であるはずですが，そ
れ以外の話題を含めてもっと似ている他者や，もっと似ていない他
者がいることから影響を受けてしまうのです。つまり類似した他者
への魅力は第三者の存在によって相対的に変動するところがあるの
です[29]。

　例えば，海外旅行中にある日本人と出会って親近感を覚えたが，
日本に帰ってきてからその人に再会したら同じようには感じなかっ
た，ということはあっても不思議ではありません。海外という，言
葉も慣習も大きく違う他者が多くいる中で，同じ日本人というだけ
でも相対的に似ていて魅力を強く感じてしまったということでしょ
う。このような相対的な変動は，他者との類似を求める理由を，妥
当性をもたらす源泉になるということの外界適応の側面だけで説明
するのは困難であることを示していると同時に，内界の仲間感を得
るうえでは，仲間でない者の存在が非常に重要な意味をもつことを
示しています。

29　この結果は順応水準理論（Helson, 1947）でも説明できます。評価の際に中性的
　な反応をもたらす刺激値を順応水準といい，これは背景刺激に同化する方向に
　移動するので対比効果を予測します。ただし，風間ら（1995）の実験では，類
　似性の対比効果は統計的には有意ではありませんでした。その点については後
　述する3章12節で詳しく説明されます。

9　無意味なはずの仲間もつくってしまう

　仲間であるという知覚が仲間以外との比較によって変化するという予測は自己カテゴリー化理論（Turner, 1987）でも仮定されています。自己カテゴリー化理論とは，自己が，あるカテゴリーに含まれていると知覚することにより，自己と同じカテゴリーの仲間（内集団）とは類似していると期待して彼らに対して肯定的な評価や態度となり，違うカテゴリーの成員（外集団）とは差異が大きいことを期待して否定的な評価や態度となるという仮説がベースになった理論です。この理論の最初のところで内集団が知覚されるメカニズムも論じられています。内集団は互いに似ていることで知覚されますが，それは外集団と似ていないことと相対的関係にあると仮定されています[30]。

　つまり，自己カテゴリー化理論からも実に悲観的な結末が想定されることになります。より類似した仲間を得るためには，似ていない，いわば仲間以外の存在が必要になり，否定的な評価や態度を互いに向け合うことになるのです。

　このような仕組みについて検討されているのが，タジフェルら（Tajfel et al., 1971）が行った最小条件集団パラダイムにもとづく実験です。彼らは2種類の抽象画を実験参加者に見せて，どちらが好みであるかによって参加者を2つの群に分けました。もちろん，どちらかの絵を選んだ方が良いということではなく単なる好みで分かれるのです。他の研究では，抽象画の嗜好ではなく，瞬間的にたくさんの黒点を見せてそれを数えさせ，黒点の数を実際よりも多く

30　これはCampbell（1958）の議論にあるメタ・コントラストの原理です。比較対象の刺激間の差異が他の刺激との差異より小さく認知されると，それらは実体のある同じものとしてグループ化されるという仕組みです。

数えるか少なく数えるかという傾向でカテゴリー分けしたり，単に
くじ引きやコイントスで無作為にカテゴリー分けしたりしたものも
あります。いずれの方法も，カテゴリー分けをできるだけ無意味な
基準で行い，人数も同数のまったく等質な2つの群に分けるための
操作です。グループ名も青グループと緑グループなどと優劣のない
ように付けられます。

　そのようにカテゴリー分けした後に，自分と同じカテゴリーの他
者と別のカテゴリーの他者の属性の評価や，成員が作った創作物の
評価，他者への報酬の分配などをします。実験は匿名状態のまま行
われますので，どのような顔や名前の人がどちらのカテゴリーに属
するかなど一切わかりません。わかるのは，評価や報酬分配の相手
が自分と同じカテゴリーの他者なのか別のカテゴリーの他者なの
か，という情報だけです。また，他者をどのように評価しても，ど
のように報酬分配しても自分の実質的な利益とは関係なく，実験後
に他者から責められたりすることなどないよう配慮されています。
カテゴリー分けは無意味な基準で行われて優劣もありませんから，
評価や報酬分配に差をつける根拠のない状況です。

　これが最小条件集団パラダイムと呼ばれる実験のやり方です。実
験の結果は，参加者は自分と同じカテゴリーの仲間には肯定的な評
価をして別のカテゴリーの他者にはより否定的な評価をつけてしま
い，報酬分配においてもカテゴリー間で差をつけて仲間に有利にな
るような内集団びいきが起きてしまうというものです[31]。

　この実験からわかることは，外界適応の側面から見て無意味な基
準であっても，内界ではその基準を利用して自分と似ている他者と
似ていない他者に相対的に分けてしまうということです。そして，

───────────────

31　この結果について，その後の社会的アイデンティティ理論では，実験参加者が
　　自分の含まれるカテゴリーを社会的アイデンティティの一部として同一視する
　　ため，そのカテゴリーを肯定化しようとして生じる現象だと説明されています。

似ている方を仲間としてとらえ，具体的な課題を遂行するような外界適応の側面にまでその枠組を当てはめてしまい，仲間以外に対しては否定的な評価や態度を向けてしまうのです。

10　ここに現れる仲間感のジレンマ

　仲間感の高まりが仲間以外という否定的な存在とともに生じることは国家間のレベルでも同様です。2001年にアメリカで起きた同時多発テロの際には，ニューヨークのシンボル的な存在であった世界貿易センタービルは炎上，崩壊し，3,000人もの犠牲者がでましたが，その後，街中のいたるところで国旗が掲げられ，国歌が歌われるようになったことは典型例だと言えるでしょう。

　マキャヴェリの『政略論』（Machiavelli, 1960）には，内紛が続くローマ共和国を占領しようとして失敗したウェイイ人の例が挙げられています。平民と貴族との間で内紛が絶えないことに乗じてローマ領内に進軍したウェイイ人は，ローマ人を侮辱するなど傲慢な態度を見せながら攻撃をしかけましたが，仲間割れしていたはずのローマ人はそれを見てむしろ一致団結し，みごとウェイイ軍を退けたということです。はっきりとした仲間以外が現れることで仲間同士が結束を固めるというのは，歴史の中でも頻繁に繰り返されている出来事です。

　さらに，このメカニズムの意図的な利用も繰り返されています。1933年から1945年にかけて，アドルフ・ヒトラー率いるナチ党がドイツで政権を握っていました。甚だしい人権侵害を引き起こした独裁政権として有名ですが，このような政党がいかにして当時のドイツ国民から支持を得て政権の座についたのかを見てみると，大衆に受け入れられやすい仲間以外が明確に位置づけられていたことがわかります。ドイツに不利なヴェルサイユ講和条約を受諾してイン

フレや失業者の急増をもたらした民主主義的なヴァイマル共和国政府や，マルクス主義によって民族の結束を阻みつつ世界に暗躍して暴利を貪っているとされた人種としてのユダヤ人がそれです。

　ヒトラーの演説では，大衆のもつさまざまな不満の原因としてヴァイマル共和国政府の政治家とユダヤ人が引き合いに出され，それと対比するように，ドイツの救済や民族の名誉を取り戻すというナチ党の目標が掲げられていました。このように仲間以外を吊し上げながら弁舌を振るうヒトラーに民衆は惹きつけられ，苦境に陥っていたドイツの救世主として人気を得た弁士は，大衆の期待をある程度受けるかたちで民主主義の対極と言える独裁政権を成立させました。ユダヤ人の追放に関しても当時のドイツ社会にはそれを阻止しないほどの合意があったとの見方が多いようです。ユダヤ人を仲間以外に位置づけたことが結果的に仲間感を強めることになったと解釈することができるでしょう。

　仲間以外をつくり出してしまえば，そこに否定的な評価や態度が向けられることは最小条件集団パラダイムの実験でも明らかで，攻撃的な行為に及んでしまうことさえありえます。相手の側から見れば自分たちが仲間以外ですから，自分たちの方にも否定的評価や態度が向けられることになるでしょう。このように，仲間感を得ようとした時，そのためには仲間以外の存在が不可欠であるために，あえて仲間以外をつくり出して敵対的な関係となってしまったり，自分たちも仲間以外になって否定的な評価を受けてしまったりするのが「仲間感のジレンマ」です[32]。仲間感を得ようとすることと肯定的な自己評価を得ることは，ここでも両立が難しいジレンマとなっ

32　エリクソン（Erikson, 1974）によれば，人間は自分たちの方が優れていると見なそうとするため，自分たちよりも社会的に劣位に存在する人間が必要であると言います。これは「疑似種族化」という概念を用いて論じられ，歴史的に見ると奴隷や狂人がそのために位置づけられていたと指摘しています。

ています。

11　仲間感を求めて起きる「いじめ」

　このメカニズムは学校などで起きている子どもたちのいじめの中
にも現れているようです。まず，客観的に明確な理由から特定の生
徒をターゲットにして攻めることはいつの時代でももちろんありま
す。例えば，ある生徒がクラス全員で製作中の作品を台無しにした
場合であるとか，ある生徒が宿題を忘れたのでグループ全員が居残
りをさせられたなどの場合です。そのような理由から誰かを攻める
のは，外界適応の側面における対応だと言えます。しかしそうでは
なく，「何となくノリが合わない」「カバンの色が違うから」のよう
な，ささいで無意味なはずの基準を理由にして起きるいじめがある
ということです。このようないじめは，外界適応の必要性が弱い状
況で起きているようであり，内界適応の側面から仲間感を得ようと
して，相対的に離れた他者をつくり出していじめが起きていると説
明することができます。
　勉強の大変さからくるストレスが原因なのであれば受験シーズン
にいじめが増えるはずですが，そのようなことはなく，いじめは新
学期に多いようです。クラス替えなどもあって，誰と仲間になれば
よいかがわからない，社会的に不安定な時期だからだと思われます。
その時期に誰かと類似して仲間をつくろうとするために，学級の内
部でわざわざ仲間以外をつくり出す必要があるわけです。
　学校でのいじめの特徴の1つとして，ささいなきっかけでいじめ
が始まり，すべての子どもがいじめの対象となる可能性があること
が指摘されています（法務省人権擁護局内人権実務研究会, 1994;
河上, 1995）。しかしこれ以前には，もっと違うイメージでいじめは
とらえられていました。例えば，1984年に文部省が作成した小学

校の生徒指導用の資料では，いじめについて「自分より弱いものに対して一方的に……」と説明され，また，研究者の立場からも，「圧倒的に強い立場にある者（あるいは集団）が，反撃の余地をもたない弱い立場にある者（あるいは集団）に対して……」と定義しているものもありました（高野, 1986）。いじめとは，強い子が弱い子をいじめるという構図でイメージされていたのです。しかしその後，ささいなきっかけでいじめは起こり，いじめっ子といじめられっ子が流動的に変化するという特徴が指摘されるようになり，仲間はずれや無視，陰口などを，した経験もされた経験も両方ある，という生徒が多いこともわかってきました[33]。その結果，いじめのとらえられ方は一変して，現在ではいじめは誰にでも起こりうることととらえられています。

　外界適応の側面において仲間との類似性が生じる際には，「ここが同じなら仲間と言える」というある程度は絶対的な基準がはっきりしています。例えば，「プロジェクト成功の命運を握るメンバーに属する」であるとか，「作戦Aで進めるという方針の共有」などのような，外界適応にもとづく具体的な基準は仲間をつくり出します。しかし，学級というところは外界の具体的な課題とのかかわりが薄い基準でつくられた仲間ですから，安定した絶対的基準にもとづく類似性で仲間がつくられるとは限りません。そこで得られる類似性は弱く不安定です。何とかわずかな根拠を基準として一時的に仲間感が得られたとしても，そのうちに，以前は気にならなかった非類似が気になることもあるでしょう。それが，いじめっ子といじめられっ子の流動的な変化という特徴につながるのです。

　例えば，10人の中で身長が小さいという仲間はずれを2人つく

33　中山（2013）が大学生に過去を回想させて行った調査では，いじめた経験もいじめられた経験もあると回答した者が4割でした。いじめっ子といじめられっ子はそれほど固定されておらず流動的であることが示唆されます。

り出して 8 人の仲間が一時的に仲間感を得られたとしても，その後には，8 人の中でメガネをかけている 2 人が次の仲間はずれになり，その後には出身地が異なる 2 人が……これが繰り返されれば仲間は徐々に減っていき，最後には 1 人になってしまいます。仲間感を維持しようとして際限なく「仲間はずれ」をつくり出し，結局は仲間を失ってしまうのです。これでは仲間は常に縮小の方向に進んでしまいます。しかも，仲間感を得るだけのために無意味な基準でこのように流動的に仲間はずれをつくり出すということは，仲間が減るだけでなく，いずれは自分もいじめられる側の仲間以外になって否定的な自己評価を受けるというジレンマに陥るのです。

12　仲間感のジレンマの解決へ

「仲間感のジレンマ」を解決するために，まずは，無意味な基準で流動的に仲間以外をつくり出さないようにするための条件を考えてみましょう。そのためには仲間の境界を具体的で明確な基準からなる安定したものにすることが必要だと思われます。やはり外界適応の側面が鍵になります。

もう一度，身長の例で考えてみましょう。外界の具体的な課題とのかかわりがないところで身長を基準にして考えてみると，さまざまな身長の人たちがいるなかで「背が高い人たちの仲間」をつくろうとしても，どこからが高いのかはっきりしません。A さんと B さんがどのくらい類似しているかは C さんによって変化してしまいます。しかし，外界の具体的な課題とのかかわりは，類似性を安定させるという重要な役目を果たします。180 センチの高さにある鴨居をくぐる時に頭をぶつけやすいかどうか，ということになれば，ぶつかった経験がある人とまったくない人とにはっきり分かれます。A さんと B さんがともに 180 センチ以上で鴨居によくぶつかるとい

うことであれば，その痛みを分かち合ったり，予防策を教え合った
りできるかもしれません。それは第三者であるＣさんが鴨居にぶつ
かる人かどうかにはあまり関係がありません。外界の具体的な課題
とのかかわりから得られる類似性はある程度は絶対的なのです。他
の例で言えば，一緒に暮らす相手と余暇の時間の過ごし方が一致し
ているという類似性もそうでしょうし，政治家同士にとって重要な
政策への賛成反対が一致しているかどうかという類似性もそうで
しょう。

　そのことを検討する実験も行っているので紹介しましょう。前に
紹介したバーンの実験手法を用いて，50％類似した他者に感じら
れる類似性の程度を測定しているのですが，類似性を操作する話題
を２種類用意しています。日常であまり話題にのぼらないような身
近でない話題と，普段から話題にする身近な問題である話題です。
あまり身近でない話題を用いた場合には，50％類似の他者に感じ
られる類似性の程度は20％類似の第三者がいると高く，80％類似
の第三者がいると低くなりますが，身近な話題を用いた場合には，
50％類似の他者に感じられる類似性の程度は20％類似の第三者が
いても80％類似の第三者がいても変わりませんでした（田島,
2000）。

　日常ではあまり話題にしないことについては類似性の感じ方が相
対的に変わってしまうのですが，身近で具体的な課題にかかわる類
似性はある程度絶対的なのです。ファッションや食べ物，お金の使
い方などの話題で他者と話していると，具体的な共通点が明確に
なって「この人は自分とこのくらい似ている」というはっきりした
感覚があるのでしょう。さらに別の１人がもっと似ていたり，もっ
と似ていなかったりしていても，その影響を受けにくいようです。
つまり，外界適応の側面が色濃く含まれてくることで仲間との類似
性は安定するのであれば，無意味な基準を使ってまで仲間以外をつ

くり出す必要がなくなってくるのかもしれません。

　歴史的な実例の中にも，これをあてはめて考えられるものがあります。アーレント（Arendt, 1973）は，ドイツのナチ政党のイデオロギーが多くの人に受け入れられたのはなぜかという問いについて，近代的であるとされていた西欧の個人主義が大衆というものをつくり出したことがその理由だと論じています。大衆というものは，共通の利害を基盤とする組織にみずからを位置づけないため自己定義が困難だという特徴をもっていると指摘しています。また，公的問題に無関心で投票もせず，政治的には中立という特徴もあると言います。そのような大衆にとってナチ政党のイデオロギーは，自己確認の手段を与えるものであり，見せかけではあっても安定性をもたらすものだったと言うのです。つまり，大衆はドイツ民族の全体に含まれているものの，そこで外界適応の側面から仲間感を得ることはできず，仲間以外としてのユダヤ人種と対比されることで初めて仲間感が得られたのかもしれません。逆に言えば，共通の利害を生むような具体的な公的問題などを共有し，外界適応に懸命になるなかで類似性が提供されていれば，このようなイデオロギーは受け入れられにくかったのではないでしょうか。

13　外界の具体的課題を重視すること

　では，外界の具体的な課題とのかかわりがあることで，むやみに仲間外れをつくり出すことが本当になくなってくるのでしょうか。

　いじめの例でみてみましょう。永田（1997，1998，1999）は，第二次世界大戦中に学童集団疎開をしていた児童たちのいじめについて研究しました。そこで立てられている仮説は，「共有すべき課題が見出せない場合には擬似的な仲間関係を形成する必要があり，仲間でないものを敢えてつくり出すことがその手段の一つになる」

というものです。そのうえで，いじめの現象は，家庭や学校で解決すべき問題を共有して自己の存在証明を見出し得るような仲間関係の形成が困難であることから生じていると考えられています。報告されている調査結果は仮説に沿っており，疎開していた寮で児童が自分たちで食料を調達したり調理したりするなど課題遂行のための役割を分担せざるをえなかったか否かが，いじめ発生の有無にかかわりをもっていました。

　もう1つの例は，自殺に関する調査です。自殺者を年齢別に見ると高齢者が最も多いですし，自殺の問題は学校のいじめの問題とは異なるメカニズムで起きている部分ももちろん大きいはずです[34]。そして，自殺が起きてしまってから個別の事情を正確に調べるのは大変困難で，自殺の本当の詳細な理由は不明なままであることが多いのも事実です。しかし，地域によって自殺率の高さに違いがあり，また，地域ごとに土地柄や人付き合いの特徴に違いがあることから，これが自殺率と何か関連があるように思われ，しかもそれが，学校のいじめ問題にも通じるものがあるように理解できるのです。もしそうだとすれば，自殺予防の因子と学校のいじめ予防の因子も重なってくるかもしれません。

　自殺は孤立した独居の場合に多いと想像するかもしれませんが，自殺者の多くは家族と同居しており，それは高齢者の場合も同様です（厚生労働省, 2019）。また，健康問題が最も多い原因として挙げられていますが，身体疾患や転入などの理由がきっかけとなって「よそ者扱いされること」や「家族との不和」などのような，周囲との

34　自殺の原因となる要因の特定が容易でないことは，例えば，1人あたりのGDPが高い国ほど自殺率も高い一方で，豊かな国々では貧困な地域で自殺が多いことや（Baudelot & Establet, 2006），日本では失業率と自殺率の関係を時系列的に見れば連動していることは明らかですが，単年度を取り出して都道府県別に見ると，失業率の高い都道府県の自殺率が高いという傾向は見られないなどのことからもわかります。

良い関係が築けなくなることが重要な要因であると議論されています（神澤, 2014; 朴他, 2014）。やはりこの問題も，他者との関係の質に焦点を当てなければならないのだと思われます。

　オズグッド（Osgood, 1992）は『老人と自殺』の中で，高齢者や老化に対する偏見や差別がアメリカ文化において根強く存在し，そのことで高齢者自身もみずからを恥じて無価値だと感じるようになると指摘しています。また，浦（2014）は，現代の日本の地域コミュニティでは自身の価値が社会によって保証されにくいために，他者との比較によって自らの価値を確認しようとして，自分より劣った社会的弱者をつくり出すことがあると言います。高齢者はみな「老い」という弱さをもつことから社会的弱者にされやすいのです。

　これらをふまえると，地域の中で単なる交流があるかどうかではなく，仲間以外をつくり出してしまうような関係性であるかどうかが，自殺の起こりやすさと関係しているのではないかと思えてこないでしょうか。

　全国的に見ても極めて自殺率の低い地域である徳島県の旧海部町でフィールドワークを行った岡は，まず，経済問題や健康問題にかかわる要因については，旧海部町と他の地域との間に意味のある差は見出されないことを指摘したうえで，ここのコミュニティの特徴をいくつか紹介しています（岡, 2013）。自殺が少ない地域と言われると，深く親密な人間関係であることをイメージするかもしれませんが，実際にはそうではなく，近所づきあいは立ち話やあいさつ程度の最低限にとどまっている割合が多く，老人クラブの入会率はむしろ低いそうです。また，赤い羽根募金が他地域に比べて集まらないというエピソードも報告されています。つまり，「みんなで同じように○○すべき」という，変に凝り固まった圧迫感や息苦しさなどがなく，皆に合わせないような人がいても変な目で見られるということがない，いわばベタベタしていない，サバサバした付き合い

が行われているようなのです。

そして,「他地域の人に比べ,世事に通じている,機をみるに敏である,合理的に判断する,損得勘定が早い」という記述もあります。赤い羽根募金が集まらない理由も単にケチなわけではなく,何に使われるかわからないからお金を出したくないのであり,例えば祭りで使用するだんじりの修繕費のような,具体的な目的に対する出費は惜しまないということです。旧海部町は江戸時代の一時期に材木の集積地として飛躍的に発展し,地縁血縁の薄い者同士が共存共栄のためにいかなるコミュニティを構築していくか,試行錯誤の歴史が続いたと言います。そのような歴史的背景も,具体的な目前の課題に対する合理的な対処を重視することにつながっているのかもしれません。

住民へのアンケート結果を自殺多発地域と比較すると,旧海部町の人たちは一般的に人を信用する傾向があり,身内であるかよそ者であるかによって大きく態度を変えないとのことです。外界の具体的な課題にかかわることが重視されているかわりに,よそ者を相対的に離れた仲間以外として位置づけるという現象があまり起きていないように思われます。

森川もまた,自殺の少ないいくつかの地域をフィールドワークしていますが,そこでも同じような指摘がされています(森川,2016)。1つは,「ひとの話をきかない」ことだと言います。具体的に言うと,相手に同調するということがないという特徴です。人の趣味の話を聞いて「いいね」とは言っても興味がなければ自分でやってみようとはしない,というエピソードが紹介されています。しかし一方で,困っている人がいたらすぐに助けてくれて,解決するまでかかわり続けるのも自殺希少地域の特徴だと述べています。このように,「みんなで同じように○○すべき」というベタベタした類似性を求めないところと,具体的な課題への対処を重視するという

2点は，旧海部町と共通した特徴であることがわかります。

14　集団的分業でのジレンマ解決

　外界の具体的な課題が顕在化して，皆でそれにかかわるようになれば，無意味な基準で流動的に仲間以外をつくり出すことは減るとしても，仲間以外が存在すれば，そこに否定的な評価や態度が向けられてしまうことは変わりません。それを避けるためには，仲間以外と一緒に外界の課題にかかわり，仲間という枠組みを広げて包んでいくという方法がまずは考えられます。

　シェリフがキャンプ場で行った有名な実験があります（Sherif et al., 1961）。互いに知り合いでない初対面の少年たちを2つの集団に分け，キャンプ場で出会うようにします。そこでシェリフは実験操作によってわざと集団間の仲が悪くなるようにしておきました。計画どおり少年たちは敵対し，相手集団の小屋を襲撃して旗を燃やすなどさまざまな摩擦が生じます。

　実験の見どころは，仲が悪くなった集団間をいかにして仲直りさせるかです。最初にシェリフが検討した仮説は，楽しい雰囲気の中で交流することで自然と仲良くなるのではないか，というものでした。そこで2つの集団は食事会や映画鑑賞会で同席するのですが，結果は散々で，むしろいがみ合いは悪化してしまいます。そこで次に，2つの集団メンバーの全員が協力し合うことでようやく解決できるような具体的課題を与えて目標を共有させます。例えば，キャンプ場に食事の材料を運び込むトラックが溝にはまってしまったという事態を実験者がひそかにつくり出し，少年たちはロープを使って皆でトラックを引き上げるのです。そのような状況をいくつか経験すると集団間の隔たりは埋まっていき，少年たちは仲良くなって最後には一緒に帰りたいとまで言い出したことが報告されていま

す。

　このように，外界の課題を解決するためにお互いの存在が欠かせないと理解されれば，最初は仲間以外であっても肯定的な関係へと変化して，攻撃的な行為などを抑制できたのは望ましい結果です。しかしながら，課題に対して全員が同じかかわり方をすると，1つのまとまりになって皆が仲間になってしまいます。仲間感を得るためには仲間以外の存在は不可欠ですから，仲間以外がいなくなってしまうのは仲間感を得るうえでは困るのです[35]。

　そこでさらに一歩進めて，仲間以外と一緒に課題にかかわるものの，これを「仲間内の仲間以外」にすることはできるでしょうか。つまり，仲間と仲間以外が異なる役割を担って区別されながらも全体の目標に向けて協調する関係をつくることで，仲間以外でありながらも同時に「仲間内」にすることができるはずです。

　デュシャンプとブラウンが実験に用いた集団状況は例としてイメージするのにわかりやすいでしょう。芸術系学部の学生と理科系学部の学生を集めて集団間が対立するような実験的操作を行った後，1つの目標にもとづいてそれぞれの集団の特徴が活かせるような分担で作業をするよう依頼しました。具体的には，雑誌の記事を書くという1つの目標を共有させ，芸術系学部の学生には文章を担当させ，理科系学部の学生には統計資料をまとめる仕事を担当させたのです。その結果，集団間の態度が改善されたことが報告されています（Deschamps & Brown, 1983）[36]。

---

35 偏見を低減，解消するための方略として，ペティグルー（Pettigrew, 1998）も集団間を段階的に接触させるモデルを提唱していますが，最後の段階はやはり両集団を覆うような大きなカテゴリーに属することを認識させるというものです。

36 ここでは内集団バイアスの低下のことを指しています。外集団への好意は分担をせずに同じ作業をすると悪化しますが，異なる作業を分担した場合は変化していません。

　ここでは外界の課題にかかわる複数の集団が分業という体制をとっています。分業というのは，共通の目標を達成するために，それぞれが異なる役割を担っており，互いの協力がなければ共通の目標が達成できないという促進的な相互依存関係の仕組みです。共通の目標をもった上位の1つの集団と複数の下位の集団という重層的な構造をもっています[37]。1つの役割を1人ずつで担うのではなく，2人以上で役割を担う場合に限るので，明確に区別するためにこれを集団的分業と呼ぶことにしましょう[38]。

　集団的分業をしている下位の集団では，仲間と仲間以外の他者を分ける境界があって対比されますから仲間感が得られます。また，1つの上位目標を共有した全体も大きな仲間になりますから仲間以外とも仲間内であり険悪な雰囲気の関係ではありません。このようにして仲間感は得られ，仲間以外からの否定的な評価や態度を向けられる心配もなくなってジレンマが根本解決するのです。

15　ジレンマ解決と本来の社会的アイデンティティの成立

　集団的分業の体制が成立すると，仲間感が得られるというだけで

37　グループダイナミックス研究では，集団という概念を成員間の促進的な相互依存関係を条件とするものとして扱っていますが（Deutsch, 1949; Cartwright & Zander, 1968），ちょうどそれを一段上位に置き換えたように，集団間が促進的な相互依存関係にある場合をここでは集団的分業としています。集団間葛藤解決の研究では，超越的アイデンティティ（transcendent identity; Kelman, 1999）や二重アイデンティティ（dual identity; Dovidio et al., 2009）と呼ばれる類似の概念が検討されていますが，これらは集団間が促進的な相互依存関係であるとは限らずに，重層的なアイデンティティを顕在化させることを目的としたものです。

38　分業についてはアダム・スミス（Smith, Adam, 1789）が労働の生産力を改善させる仕組みとして早くから着目しています。技能の増進や時間の節約などをもたらすため産業が進歩した国々ほど取り入れられている仕組みであると述べています。

なく仲間の認識が少し変わります。集団的分業で課題を遂行してい
る場合には，上位目標を達成するために下位の集団それぞれに異な
る期待がかかります。例えば，合唱のソプラノのパートとアルトの
パートのような関係です。合唱団全体として1つのまとまりのある
曲を歌うという目標をもっており，それを達成するためにパートご
とにそれぞれ異なるメロディを歌うよう期待されるのです。上位集
団の主体性の立場から下位集団を見れば，共通の目標を達成するた
めの機能的な存在として見えてくるようになり，それぞれがどのよ
うな貢献をしたか，期待にどれほど応えることができたか，などの
評価も与えられるようになるでしょう。その結果，下位集団の仲間
には外界とのかかわりを一緒にするという主体としての側面だけで
なく，対象としての側面が重なって認識されることになってきます。
つまり，「皆で一つの音楽を作り上げているのだ」という一体感が
あるだけでなく「私たちは十分に活躍した」とか「自分たちは劣っ
ている」などのように仲間への評価が生まれるのです。

　仲間の評価を自己評価のように大事に思うようになるのも，集団
的分業のように重層化した構造で外界にかかわることが不可欠の条
件です。合唱団員の一人ひとりが指揮者のような視点から仲間を対
象化するようになるので，上位集団の主体性の立場から自分たち仲
間を顧みるということが起きるのです。そして，集団的分業になっ
ていると，自分たちが外界とのかかわりを一緒にしているという仲
間感と，自分たちが周囲の他者からどのように評価されるかが，同
じ仲間とのかかわりのなかで現れます。

　ここで本来の社会的アイデンティティが成立すると言えるでしょ
う。本来の社会的アイデンティティは集団的分業によって外界にか
かわるなかで成立するものなのです。社会的アイデンティティは，
「自分たち」を第三者から区別して認識すること，として扱われる
ことが多い概念ですが[39]，区別しうる次元はもともと無限に存在し

ます。その中から，集団的分業の体制で外界の具体的な課題にかかわる時に，同じ期待がかかる人たちを区別する必要にともなって，仲間を区別する際の機能的に意味のある次元が生まれるのです。一般に職業というものは集団的分業となって社会を構成するものであり，それぞれ固有の機能を果たすことが期待されている枠組みであるため社会的アイデンティティの基盤になりやすいのです。

　世の中が豊かになるということは，外界の課題が解決していくことでもあります。豊かになって外界の課題からの要請が弱まってくれば，社会の縮小や仲間以外との対立が大きな問題となってくるのは必然的とも言えるでしょう。社会の中で守られた存在である子どもたちも，仲間と遂行せざるをえないような外界の課題が少ない環境におかれています。そのような中で仲間感だけを得ようとすれば，むやみに仲間以外をつくり上げてしまう可能性は大きいはずです。社会を縮小させず仲間以外と対立せずに仲間感を得ていけるかどうかは，内界適応の側面だけを優先せずに，外界の具体的な課題を仲間と共有できるかどうかにかかっていると言えそうです。

［前ページ］39　タジフェルら (Tajfel, 1978; Tajfel & Turner, 1979) をはじめとして，社会的アイデンティティという概念が極めて広義に用いられている議論は多いです。そこでは他者との属性の類似性に気づくだけでカテゴリーの境界が生じるとされており，仲間とともに外界にかかわることは成立の条件として含まれていません。しかし最小条件集団パラダイムの実験では，互いに報酬を分配し合うなどの仲間と一緒にかかわる課題が与えられています。

終章
その後の外界と内界

　３つのジレンマを乗り越えることで外界とのかかわりが複雑になりながらも統合し，内界では主体性，一貫性，仲間感という「自分」の３側面が認識されると同時に肯定的な自己評価も得られるという経緯について順を追って説明してきました。外界適応と内界適応が力動的に関係し合って，今，目の前にあるこのような現代社会と，これを読んでいるわれわれのような「自分」がようやく現れたのです。

1　ここまでのまとめ

　これまでの議論の流れを簡単にまとめてみましょう。序章では外界適応と内界適応について説明しました。外界とかかわる際に自分を変化させたり調整したりしていくのが外界適応であり，内界が求めるように外界とのかかわりを変化，調整していくのは内界適応です。

　内界が求めているのは，主体性，一貫性，仲間感と自己評価ですが，それぞれの適応の過程にジレンマがあります。他者と外界にか

かわる際に，主体性を自覚しようとして他者の期待に沿わないことに執着すれば外界適応できず，肯定的な自己評価も得られなくなってしまいますが，そのジレンマは役割形成集団において解決します。そこで生まれた「本当の自分」と感じるような自己は，今度は自分らしさを求めて異なる集団場面でも一貫性を保とうとします。しかし，各集団の固有の期待に応えなければ外界適応できず，肯定的な自己評価を得ることもできないのでジレンマが生じます。それは異動制の役割形成集団で解決します。このジレンマが解決する時に成立するのが個人的アイデンティティです。

　そして，仲間感を得ようとしてむしろ外界適応からずれてしまうことや，仲間以外をつくり出してしまうことで自分が仲間以外にされることにもなり，否定的な評価や態度が自分にも向けられるというジレンマが生じます。それは集団的分業の体制で外界の具体的な課題にかかわることで解決します。このジレンマが解決する時に成立するのが社会的アイデンティティです。

2　3つのジレンマの同時解決

　では最後に，3つのジレンマが同一の社会的な場で解決しうるか考えてみましょう。「主体性のジレンマ」と「一貫性のジレンマ」の解決の場はもちろん重なるはずです。もともと主体的な自己が成立することによってそれを一貫させようとし始めるわけですから，同じところでジレンマは生じ，解決します。例えば，看護学校で学んだ後に病院に勤務した際に，看護に対するその人らしい姿勢が活かされて一貫したり，農家に育って料理店で調理師として仕事をする際に，農作物をみる目や扱い方，「食」に対するその人らしい取り組みなどが活かされて一貫したりするように，それぞれで主体的な自己が現れ，同じ場で自己を一貫させることができるでしょう。

　問題となるのは，自己の一貫性が「仲間感のジレンマ」が解決する場で成立するかどうかです。言い換えると，異動制の役割形成集団間が集団的分業の体制になるのかという問題です。

　3章のデュシャンプとブラウンの実験で用いられた，雑誌の記事を集団的分業の体制で書く例で言えば，そこでの下位集団間で異動した場合，例えば「対象となる読者層を想定してわかりやすくする」であるとか，「編集の意図を汲んで情報を取捨選択する工夫」などのような主体的な取り組みは，文章を書く部署と統計資料をまとめる部署との間で一貫させることができる自分らしさになるでしょう。部署を異動すれば期待される行動はもちろん変わりますが，文章を書く経験が統計資料をまとめる工夫にも活かされるでしょうし，その逆もあるはずです。そのように，集団的分業での下位集団はそれぞれ異なる役割を担いますが，それらを束ねて目標を達成する上位集団によって統合されているため集団間の仕事内容の関連は強く，一方の集団での自己をもう一方の集団にも一貫させられる可能性は十分にあります。

　前述の例で言えば，一貫性が得られる看護学校と病院は集団的分業によって医療社会を支えていますし，農家と飲食店も集団的分業によって外食産業を支えていますので仲間感も得ることができます。企業内のジョブ・ローテーションの例も同様で，部署間はもちろん集団的分業になっています。さらに言えば，学校という教育機関と企業などの産業組織も社会を支える大きな集団的分業と言えるでしょう。

　3つのジレンマは，このような「集団的分業する異動制の役割形成集団間で自己が一貫する」という条件が揃うことで，同一の社会的な場で成立することができるはずです。集団的分業での相互依存関係や下位集団間での異動を効率よくすすめるために，個人が上位集団の主体性をもつことになれば，その立場から下位の集団や集団

間を対象として見るようになり，下位集団の主体性から見る対象としての自己に重なります。そこでは，いわば完全な「自分」が成立するということができるかもしれません。完全な「自分」というのは，主体的で一貫した自己が外界とのかかわりを仲間と一緒にしていることを機能的な評価をともなって顧みると同時にそれが公認されているということです。自己と仲間が外界にかかわる主体であると同時に機能的に評価される対象になるという，まさに自己と個人的アイデンティティ，社会的アイデンティティの統合した状態が完全な「自分」と言えるでしょう。

3　自分というジレンマの今後

　これまでの議論をふまえて社会の実態を見直してみれば，新規の事業で試行錯誤しながら集団の仕事の分担をつくり上げていくような時期にはワクワクしても，それが軌道にのって安定的な仕事になってしまうと面白さを感じなくなってしまうことがあるのは，役割形成集団での主体性が認識されにくくなったためだとわかります。安定的な効率を重視した社会が進めばこのような仕事が増えていくことが懸念されます。また，どんな仕事が自分らしいのかわからないという悩みをもつ学生が増え，適職を求めた転職も増えたことは，学生生活において現れる自己の姿が社会に出てからのそれと乖離しており，そこに自己の一貫性を見出すことが難しくなったためだと想像がつくでしょう。そして，学校や職場でのいじめや仲間はずれ，他の文化や人種，思想などに対する排他的な憎悪発言などは，外界の具体的課題とのかかわりが弱い状況で仲間感を得ようとしたために生じやすくなっているかもしれないと理解でき，豊かな社会になることで今後ますます仲間づくりの難しさは目立ってくると予想されます。外界と内界の間にある悩ましい問題の多くは，こ

こで挙げた３つのジレンマのいずれかにかかわっているように思います。

　特に高齢者の問題については今後の心配は尽きません。平均寿命が延びて「人生100年時代」と言われるような社会を迎えるにあたり，退職後にどのような次の役割形成集団を構築すればよいか，そこでも主体性，一貫性，仲間感，自己評価を得ることができるか，という難題がわれわれに突きつけられるのではないでしょうか。かつて1900年代の初め頃にそれまで働き手でもあったアメリカの10代の若者が学校に通うようになり，卒業後に職業を選択できるようになったことで，いわゆる青年期というものが生まれてアイデンティティが重要な関心事となったように（Lapsley et al., 1985; Baumeister, 1987），今後は，退職後の新しいモラトリアムの発達段階が生まれ，自分らしさを求めて対峙するジレンマに関心が向けられることでしょう。

　これまでの老年学の研究においても，高齢者は単に中年期に行ってきた活動をできるだけ長く続ければよいというわけではなく，かといって，それまでかかわってきた社会から離脱して自由になることが高齢者の幸せというわけでもなく，環境は変化しつつも，その中で維持したい部分をいかに維持できるかが重要だと考えられるようになってきました[40]。何を維持したいかは一人ひとり異なりますが，それは各個人の内界の工夫だけで達成できるものではなく，自分らしさが一貫するようにかかわるための外界を整える必要がある

---

[40] 高齢者も中年期の活動を続けるべきとする活動理論と，社会の義務や拘束から自由になるのが高齢者の幸せであるとする離脱理論の論争の後に，アチリー（Atchley, 1987）が提唱する継続性理論では，高齢者は自らの加齢にともなう環境の変化に対して，自己概念のような内的構造や社会的役割のような外的構造を過去の自分の経験に結びつける形で維持しようと動機づけられることを仮定しました。本稿における，内界と外界とのかかわりを一貫させる傾向に重なるものと言えるでしょう。

と思われます。また，自己の一貫性には，維持するだけでなく，積み上げられていく成長という側面も求められてくるはずです。このような内界適応に社会の準備が間に合っているとは言えず，人生をとおした完全な「自分」を成し遂げるために，今後もこの問題から目を背けることはできないでしょう。

　序章でも述べたように，内界というのは外界とのかかわりの認識です。したがって，内界で起こるジレンマを解決するには内界だけに手を加えるのではなく，やはり外界とのかかわりから変わらなければいけないのです。自己を一貫させようとして同じ集団にとどまるとか，自己評価を高めようとしてレベルの高い集団に移るなどのような内界適応は比較的単純ですが，ジレンマを解決するためには，最終的には集団的分業する異動制の役割形成集団間で自己が一貫するような外界の統合を必要とします。外界適応の過程で必死にもがきながら外界とのかかわりが変わっていき，結果的にジレンマが解決されて内界が統合されることもあるというのがこれまでの現実だと思いますが，少しでも内界適応として外界とのかかわりに手を加え，統合を促進することが，今後の社会の目指すところではないかと思います。

あとがき

　本書は，20年ほど前から考えを巡らせてきたアイデアと，これまでに書いた何編かの論文を軸にしてあらすじを作り，そこに大学の講義で話している内容で肉付けし，さらに新たな考察と先行研究や事例の紹介を加えて全体を整えたものです。当初は，もっと堅い論文調でまとめようかと思っていたのですが，「誰に読んでほしいのか」，「何のために読んでほしいのか」と考え直して，かなりの期間迷ったあげく，最終的にはこのようなスタイルでまとめました。読んでほしい読者層を広げたため，論文のように理屈をこねたところを残しつつも，実際の社会問題や具体的な喩え話，基礎的な心理学研究の紹介などを入れ込んだエッセイ的なところをかなり増やしています。

　例えば，薬理学の研究論文は製薬を手がける研究者に読んでもらうことをとおして社会の役に立ち，宇宙工学の研究論文は人工衛星開発の研究者に読んでもらうことをとおして社会の役に立つのだと思います。一方で，社会と自己の力動的な統合理論を紹介した本書の内容は，外界適応の手段として直接的に何かの役に立つというわけではありません。ですから，研究者に読んでもらうことを想定す

るだけでは存在意義がよくわからなくなってしまいそうなので，最終的に社会につなげるところまでを一冊の中に盛り込んでおきたかったのです。一般の社会と一般の人の自己との関係を取り上げた本書は，やはり一般の人たちに幅広く読んでほしいと思っています。

　広く一般の人に成果を伝えて，それを受け取る人たちの社会や自己の認識に影響を与えることを最終的な目的とするのであれば，さかのぼって考えると，それを念頭において研究をするべきだろうと思います。具体的に何の役に立つのかがわかりにくく，「真理を追究する」というだけを目標にかかげた研究は，ややもすると「何でもあり」となってしまいがちです。外界適応に役立つという研究の意義に加えて，読者の内界が豊かになるような影響を与えるかどうかも研究の意義を測るもう１つの基準になるはずです。

　本書に書いたことは，「自分というジレンマ」に行き着く道筋と，それが解決に至るまでの道筋です。いわば「地図」のようなものを描きましたが，その道を自由に行き来できるとは限らず，途中にそびえる険しい山々や橋のない大河が記されているようなものかもしれません。そこで足止めされた時には，「地図」からは具体的な解決策は必ずしも得られないとしても，「このあたりから来て，今このあたりで留まっている」のように俯瞰的な視点からながめることができ，少なくとも「自分を見失わない」という余裕が得られたり，なんとか道を探してみようという意欲も生まれたりするのではないでしょうか。

　高所から撮った写真を地図のように使って探索行動することは３歳児でもできるという実験結果がありますが（Plester et al., 2002），本書を読んで得られる「地図」を使うのはほとんどの場合は大人になってからでしょう。手に入れる時期は早くはありませんが，一生をかけて使われる「地図」になり，少しでも外界の統合を目指す内界適応が促進することを期待したいと思います。

　最後になりますが，ナカニシヤ出版の皆様にお礼を申し上げます。本書の出版をお引き受けいただいたのも大変にありがたいことですし，完成に至るまでさまざまなことでお世話になりました。本当にありがとうございました。それから，本書の出版にあたっては北九州市立大学より学長選考型研究費にて出版の助成をしていただきました。大変感謝しております。

引用文献

安達 智子 (2001). 進路選択に対する効力感と就業動機, 職業未決定の関連について——女子短大生を対象とした検討　心理学研究, *72*, 10-18.

安達 智子 (2004). 大学生のキャリア選択——その心理的背景と支援　日本労働研究雑誌, *46*, 27-37.

Adam, H., Obodaru, O., Lu, J. G., Maddux, W. W., & Galinsky, A. D. (2018). The shortest path to oneself leads around the world: Living abroad increases self-concept clarity. *Organizational Behavior and Human Decision Processes, 145*, 16-29.

Allport, G. W. (1937). *Personality: A psychological interpretations.* New York: Henry Holt. (オルポート, G. W. 詫摩 武俊・青木 孝悦・近藤 由起子・堀 正 (訳) (1982). パーソナリティ—心理学的解釈　新曜社)

安藤 延男 (1966). 青年期における準拠集団の推移　心理学研究, *37*, 219-229.

Arendt, H. (1973). *The origins of totalitarianism* (A Harvest Book, vol. 244). New York: Houghton Mifflin Harcourt. (アーレント, H. 大久保 和郎・大島 かおり (訳) (2017). 全体主義の起原 3——全体主義　みすず書房)

浅野 智彦 (2006). 若者の現在　浅野 智彦 (編)　検証　若者の変貌：失われた10年の後に　勁草書房

Asch, S. E. (1951). Effects of group pressure upon the modification and distortion of judgment. In H. Guetzkow (Ed.), *Groups, leadership and men.* Pittsburgh, PA: Carnegie Press.

Atchley, R. C. (1987). *Aging: Continuity and change* (2nd ed.). Belmont,

CA: Wadsworth.

東 洋 (1994). 日本人のしつけと教育　発達の日米比較にもとづいて　東京大学出版会

Bandura, A. (Ed.). (1971). *Psychological modeling: Conflicting theories.* Chicago, IL: Aldine Atherton.

Bargh, J. A., McKenna, K. Y. A., & Fitzsimons, G. M. (2002). Can you see the real me? Activation and expression of the "true self" on the internet. *Journal of Social Issues, 58*, 33‒48.

Baudelot, C., & Establet, R. (2006). *Suicide, l'envers de notre monde.* Paris: Seuil. (ボードロ, C.・エスタブレ, R. 山下 雅之・都村 聞人・石井 素子 (訳) (2012). 豊かさのなかの自殺　藤原書店)

Baumeister, R. F., & Leary, M. R. (1995). The need to belong: Desire for interpersonal attachments as a fundamental human motivation. *Psychological Bulletin, 117*, 497‒529.

Baumeister, R. F. (1987). How the self became a problem: A psychological review of historical research. *Journal of Personality and Social Psychology, 52*, 163‒176.

Bem, D. J. (1972). Self-perception theory. *Advances in Experimental Social Psychology, 6*, 1‒62.

Berger, P., Berger, B., & Kellner, H. (1973). *The homeless mind: Modernization and consciousness.* New York: Irvington. (バーガー, P.・バーガー, B.・ケルナー, H. 高山 真知子・馬場 伸也 (訳) (1977). 故郷喪失者たち――近代化と日常意識　新曜社)

Bernstein, R. M. (1980). The development of the self-system during adolescence. *Journal of Genetic Psychology, 136*, 231‒245.

Biro, D., Humle, T., Koops, K., Sousa, C., Hayashi, M., & Matsuzawa, T. (2010). Chimpanzee mothers at Bossou, Guinea carry the mummified remains of their dead infants. *Current Biology, 20*, R351‒R352.

Block, J. (1961). Ego identity, role variability, and adjustment. *Journal of Consulting Psychology, 25*, 392‒397.

Brock, T. C., & Becker, L. A. (1965). Ineffectiveness of "overheard" counterpropaganda. *Journal of Personality and Social Psychology, 2*, 654‒660.

Bruner, J. S. (1990). *Acts of meaning.* Cambridge, MA: Harvard University Press. (ブルーナー, J. S. 岡本 夏木・仲渡 一美・吉村 啓子 (訳) (1999). 意味の復権――フォークサイコロジーに向けて　ミネルヴァ書房)

Byrne, D. (1961). Interpersonal attraction and attitude similarity. *The*

Journal of Abnormal and Social Psychology, 62, 713–715.

Byrne, D. E. (1971). *The attraction paradigm*. New York: Academic Press.

Campbell, D. T. (1958). Common fate, similarity, and other indices of the status of aggregates of persons as social entities. *Behavioral Science, 3*, 14–25.

Campbell, J. D., Trapnell, P. D., Heine, S. J., Katz, I. M., Lavallee, L. F., & Lehman, D. R. (1996). Self-concept clarity: Measurement, personality correlates, and cultural boundaries. *Journal of Personality and Social Psychology, 70*, 141–156.

Campbell, N. (1953). *What is science?* New York; Dover. (キャンベル, N. 森 一夫 (訳) (1979). 科学とは何か？ 法律文化社)

Čapek, Karel (1920). *R.U.R.: Rossum's universal robots* (Drama). (カレル・チャペック 深町 眞理子 (訳) (2003). RUR グーテンベルク 21)

Carnegie, D. (1937). *How to win friends and influence people*. New York: Simon and Schuster. (カーネギー, D. 山口 博 (訳) (2016). 人を動かす 創元社)

Cartwright, D., & Zander, A. (1968). *Group dynamics* (3 rd ed.). New York: Harper & Row.

Cooley, C. H. (1902). *Human nature and the social order*. New York: Scribner.

Dahrendorf, R. (1968). *Essays in the theory of society*. Stanford, CA: Stanford University Press. (ダーレンドルフ, R. 橋本 和幸・鈴木 正仁・平松 闊 (訳) (1975). ユートピアからの脱出 ミネルヴァ書房)

de Charms, R. D. (1968). *Personal causation*. New York: Academic Press.

Deci, E. L. (1971). Effects of externally mediated rewards on intrinsic motivation. *Journal of Personality and Social Psychology, 18*, 105–115.

Deci, E. L. (1975). *Intrinsic motivation*. New York: Plenum.

Deschamps, J. C., & Brown, R. (1983). Superordinate goals and intergroup conflict. *British Journal of Social Psychology, 22*, 189–195.

Deutsch, M. (1949). A theory of co-operation and competition. *Human Relations, 2*, 129–152.

Deutsch, M., & Gerard, H. B. (1955). A study of normative and informational social influences upon individual judgment. *The Journal of Abnormal and Social Psychology, 51*, 629–636.

土井 隆義 (2004).「個性」を煽られる子どもたち 岩波書店

Donahue, E. M., Robins, R. W., Roberts, B. W., & John, O. P. (1993). The divided self: Concurrent and longitudinal effects of psychological adjustment and social roles on self-concept differentiation. *Journal of Personality and Social Psychology, 64,* 834–846.

Dovidio, J. F., Gaertner, S. L., & Saguy, T. (2009). Commonality and the complexity of "we": Social attitudes and social change. *Personality and Social Psychology Review, 13,* 3–20.

Dunning, D., Meyerowitz, J. A., & Holzberg, A. D. (1989). Ambiguity and self-evaluation: The role of idiosyncratic trait definitions in self-serving assessments of ability. *Journal of Personality and Social Psychology, 57,* 1082–1090.

遠藤 由美（2002）. 理想自己の役割――その社会心理学的考察―― 梶田 叡一（編）自己意識研究の現在 ナカニシヤ出版

榎本 博明（2002）. 自己概念の場面依存性について 大阪大学大学院人間科学研究科紀要, *28,* 97–115.

Erikson, E. H. (1974). *Dimensions of a new identity: The 1973 Jefferson lectures in the humanities.* New York: Norton.（エリクソン, E. H. 五十嵐 武士（訳）(1979). 歴史の中のアイデンティティ みすず書房）

Festinger, L. (1950). Informal social communication. *Psychological Review, 57,* 271–282.

Festinger, L. (1954). A theory of social comparison processes. *Human Relations, 7,* 117–140.

Festinger, L., & Carlsmith, J. M. (1959). Cognitive consequences of forced compliance. *Journal of Abnormal and Social Psychology, 58,* 203–210.

Flowers, M. L. (1977). A laboratory test of some implications of Janis's groupthink hypothesis. *Journal of Personality and Social Psychology, 35,* 888–896.

Fodor, E. M., & Smith, T. (1982). The power motive as an influence on group decision making. *Journal of Personality and Social Psychology, 42,* 178–185.

Freud, S. (1998). *Gesammelte Werke, XⅢ, Jenseits des Lustprinzips / Massenpsychologie und Ich-Analyse / Das Ich und das Es,* Herausgegeben von Anna Freud, E. Bibring, W. Hoffer, E. Kris, O. London: Isakower, Imago Publishing（1940, Zehnte Auflage, S. Fischer, Frankfurt am Main.）（フロイト, S. 道籏 泰三（訳）(2007). 自我とエス 本間 直樹（編）フロイト全集18 岩波書店）

Fromm, E. (1941). *Escape from freedom.* New York: Rinehart and Company.（フロム, E. 日高 六郎（訳）(1953). 自由からの逃走 創元社）

藤永 保・斎賀 久敬・春日 喬・内田 伸子（1987）. 人間発達と初期環境――初期環境の貧困に基づく発達遅滞児の長期追跡研究 有斐閣

福重 清（2006）．若者のアイデンティティはどう変わったか　浅野 智彦（編）検証・若者の変貌：失われた10年の後に　勁草書房

船津 衛（2006）．コミュニケーションと社会心理　シリーズ・情報環境と社会心理 8　北樹出版

古荘 純一（2009）．日本の子どもの自尊感情はなぜ低いのか　児童精神科医の現場報告　光文社

Gergen, K. J. (1991). *The saturated self: Dilemmas of identity in contemporary life.* New York: Basic Books.

Gergen, K. J. (1994). *Toward transformation in social knowledge* (2nd ed.). London: Sage.（ガーゲン，K. J. 杉万 俊夫・矢守 克也・渥美 公秀（訳）(1998). もう一つの社会心理学　ナカニシヤ出版）

Goffman, E. (1961). *Encounters: Two studies in the sociology of interaction.* Indianapolis: Bobbs-Merrill.（ゴフマン，E. 佐藤 毅・折橋 徹彦（訳）(1985). 出会い：相互行為の社会学　誠信書房）

後藤 道夫（1994）．日本型大衆社会とその形成――社会的統合と政治的統合の錯綜　坂野 潤治・宮地 正人・高村 直助・安田 浩・渡辺 治（編）　戦後改革と現代社会の形成　岩波書店

萩原 滋（1976）．認知的不協和理論と自己認知理論をめぐる論争　慶応義塾大学大学院社会学研究科紀要, *16*, 179-187.

萩原 俊彦・櫻井 茂男（2008）．"やりたいこと探し"の動機における自己決定性の検討――進路不決断に及ぼす影響の観点から　教育心理学研究, *56*, 1-13.

Harter, S. (2002). Authenticity. In C. R. Snyder & L. J. Shane (Eds.), *Handbook of positive psychology.* London: Oxford University Press.

Hawkley, L. C., & Cacioppo, J. T. (2007). Aging and loneliness: Downhill quickly? *Current Directions in Psychological Science, 16*, 187-191.

速水 敏彦・木野 和代・高木 邦子（2005）．他者軽視に基づく仮想的有能感　感情心理学研究, *12*, 43-55.

Helson, H. (1947). Adaptation-level as frame of reference for prediction of psychophysical data. *The American Journal of Psychology, 60*, 1-29.

Higgins, E. T., Klein, R., & Strauman, T. (1985). Self-concept discrepancy theory: A psychological model for distinguishing among different aspects of depression and anxiety. *Social Cognition, 3*, 51-76.

Hiroto, D. S. (1974). Locus of control and learned helplessness. *Journal of Experimental Psychology, 102*, 187-193.

Hochschild, A. (1983). *The managed heart: Commercialization of human feeling.* Berkeley, CA: University of California Press.（ホックシールド，

A. 石川 准・室伏 亜希（訳）（2000）. 管理される心──感情が商品になるとき　世界思想社）

Holland, J. L., & Holland, J. E. (1977). Vocational indecision: More evidence and speculation. *Journal of Counseling Psychology, 24*, 404-414.

Horner, V., & Whiten, A. (2005). Causal knowledge and imitation/emulation switching in chimpanzees (*Pan troglodytes*) and children (*Homo sapiens*). *Animal Cognition, 8*, 164-181.

法務省人権擁護局内人権実務研究会（1994）.「いじめ」Q&A ──子どもの人権を守ろう　ぎょうせい

House, J. S., Landis, K. R., & Umberson, D. (1988). Social relationships and health. *Science, 241*, 540-545.

Hovland, C. I., & Mandell, W. (1952). An experimental comparison of conclusion-drawing by the communicator and by the audience. *The Journal of Abnormal and Social Psychology, 47*, 581-588.

稲増 一憲・三浦 麻子（2016）.「自由」なメディアの陥穽　社会心理学研究, *31*, 172-183.

井上 俊（1973）. 死にがいの喪失　筑摩書房

一般社団法人ペットフード協会（2018）. 全国犬猫飼育実態調査
https://petfood.or.jp/data/index.html

石毛 昭範（2008）. 中・後期キャリアにおけるジョブローテーションの意義と課題　岡崎女子短期大学, *41*, 1-8.

石本 雄真・倉澤 知子（2009）. 心の居場所と大学生のアパシー傾向との関連. 神戸大学大学院人間発達環境学研究科研究紀要, *2*, 11-16.

伊藤 正哉・小玉 正博（2005）. 自分らしくある感覚（本来感）と自尊感情がwell-beingに及ぼす影響の検討　教育心理学研究, *53*, 74-85.

岩田 龍子（1978）. 現代日本の経営風土：その基盤と変化の動態を探る　日本経済新聞社

Iyengar, S. S., & Lepper, M. R. (1999). Rethinking the value of choice: A cultural perspective on intrinsic motivation. *Journal of Personality and Social Psychology, 76*, 349-366.

James, W. (1892). *Psychology: Briefer course*. Cambridge, MA: Harvard University Press.（ジェームズ, W. 今田 寛（訳）（1993）. 心理学　岩波書店）

Janis, I. L. (1971). Groupthink. *Psychology Today, 5*, 43-46, 74-76.

Jones, E. E., & Davis, K. E. (1965). From acts to dispositions: The attribution processes in person perception. In L. Berkowitz (Ed.), *Advances in experimental social psychology* (vol. 2, pp. 219-266). New

York: Academic Press.

Jones, E. E., Davis, K. E., & Gergen, K. J. (1961). Role playing variations and their informational value for person perception. *Journal of Abnormal and Social Psychology, 63*, 302–310.

Jones, R. A., Linder, D. E., Kiesler, C. A., Zanna, M., & Brehm, J. W. (1968). Internal states or external stimuli: Observers' attitude judgments and the dissonance-theory-self-persuasion controversy. *Journal of Experimental Social Psychology, 4*, 247–269.

Jung, C. G. (1967). *Psychologische Typen*. Zürich und Stuttgart: Rascher Verlag.（ユング, C. G. 林 道義（訳）(1987). タイプ論　みすず書房）

影山 任佐（1999).「空虚な自己」の時代　日本放送出版協会

梶田 叡一（1988). 自己意識の心理学　東京大学出版会

神澤 創（2014). 奈良県の自殺対策（2）――高齢者及び精神障害者施設に関する調査　帝塚山大学心理学部紀要, *3*, 79–89.

加藤 秀俊（1966). 人間関係――理解と誤解　中央公論新社

河上 亮一（1995).“いじめ”への偏見を検証する　児童心理, *49*, 60–66.

風間 文明・弓削 洋子・田島 司（1995). 態度の類似性の相対的判断が対人魅力に及ぼす影響　日本心理学会第59回大会発表論文集, 182.

Kelley, H. H. (1972). Causal schemata and the attribution process. In E. E. Jones, D. E. Kanouse, H. H. Kelley, R. E. Nisbett, S. Valins, & B. Weiner (Eds.), *Attribution: Perceiving the causes of behavior* (pp. 151–174). Morristown, NJ: General Learning Press

Kelman, H. C. (1999). The interdependence of Israeli and Palestinian national identities: The role of the other in existential conflicts. *Journal of Social Issues, 55*, 581–600.

木村 敏（1995). 自己と他者　井上 俊・上野 千鶴子・大澤 真幸・見田 宗介・吉見 俊哉（編）自我・主体・アイデンティティ（岩波講座現代社会学第2巻）　岩波書店

桐山 雅子（2010). 現代の学生の心理的特徴　日本学生相談学会50周年記念誌編集委員会（編）　学生相談ハンドブック　学苑社

Kitayama, S., Markus, H. R., Matsumoto, H., & Norasakkunkit, V. (1997). Individual and collective processes in the construction of the self: Self-enhancement in the United States and self-criticism in Japan. *Journal of Personality and Social Psychology, 72*, 1245–1267.

小池 和男（1991). 大卒ホワイトカラーの人材開発　東洋経済新報社

国立青少年教育振興機構（2018). 高校生の心と体の健康に関する意識調査報告書　http://www.niye.go.jp/kanri/upload/editor/126/File/gaiyou.pdf

厚生労働省（2019）．自殺対策白書　令和元年度版

Lapsley, D. K., Enright, R. D., & Serlin, R. C. (1985). Toward a theoretical perspective on the legislation of adolescence. *The Journal of Early Adolescence, 5,* 441–466.

Le Bon, G. (1895). *The crowd: A study of the popular mind.* New York: Macmillan.（ル・ボン，G. 桜井 成夫（訳）（1993）．群集心理　講談社）

Leary, M. R., Tambor, E. S., Terdal, S. K., & Downs, D. L. (1995). Self-esteem as an interpersonal monitor: The sociometer hypothesis. *Journal of Personality and Social Psychology, 68,* 518–530.

Lecky, P. (1945). *Self-consistency: A theory of personality.* New York: Anchor Books.

Lepper, M. R., Green, D., & Nisbett, R. E. (1973). Undermining children's intrinsic interest with extrinsic rewards: A test of the "over justification" hypothesis. *Journal of Personality and Social Psychology, 28,* 129–137.

Lippmann, W. (1922). *Public opinion.* New York: Macmillan.（リップマン，W. 掛川 トミ子（訳）（1987）．世論　岩波書店）

Machiavelli, N., Bertelli, S., Procacci, G., Machiavelli, N., & Machiavelli, N. (1960). *Il principe e Discorsi sopra la prima deca di Tito Livio.* Milano: Feltrinelli.（マキャヴェリ，N. 会田 雄次（編）（1973）．世界の名著21マキアヴェリ　中央公論新社）

Mannheim, K. (1940). *Man and society in an age of reconstruction: Studies in modern structure.* London; Routledge & Kegan Paul.（マンハイム，K. 福武 直（訳）（1962）．変革期における人間と社会——現代社会構造の研究　みすず書房）

Mascaro, G. F., & Graves, W. (1973). Contrast effects of background factors on the similarity-attraction relationship. *Journal of Personality and Social Psychology, 25,* 346–350.

Maslow, A. H. (1954). *Motivation and personality.* New York: Harper & Row.（マズロー，A. H. 小口 忠彦（監訳）（1971）．人間性の心理学　産業能率短期大学出版部）

増淵 裕子（2019）．大学生における就職活動を通しての自己成長に関する研究の動向　学苑・人間社会学部紀要, *940,* 55–61.

松沢 哲郎・林 美里・水野 友有・加藤 朗野・山越 言・大橋 岳・杉山 幸丸（2004）．ボッソウ・ニンバの野生チンパンジー：2003年の流行病による大量死と［緑の回廊］計画　霊長類研究, *20,* 45–55.

McCall, G. J., & Simmons, J. L. (1966). *Identities and interactions.* New

York: Free Press.

McDougall, W.（1973）. *The group mind*（2nd ed.）. New York: Arno Press.

Mead, G. H.（1934）. *Mind, self and society*（Edited by C. W. Morris）. Chicago, IL: The University of Chicago Press.（ミード, G. H. 稲葉 三千男他（訳）（1973）. 精神・自我・社会　青木書店）

Mead, G. H.（1982）. *The individual and the social self*（Edited by D. L. Miller）. Chicago, IL: The University of Chicago Press.（ミード, G. H. 小川 英司・近藤 敏夫（訳）（1990）. 個人と社会的自我——社会心理学講義　いなほ書房）

Milgram, S.（1974）. *Obedience to authority*. New York: Harper & Row.（ミルグラム, S. 山形 浩生（訳）（2012）. 服従の心理　河出書房新社）

南 保輔（2000）. 海外帰国子女のアイデンティティ——生活経験と通文化的人間形成　東信堂

宮崎 市定（1963）. 科挙——中国の試験地獄　中央公論新社

文部省（1984）. 小学校生徒指導資料3　児童の友人関係をめぐる指導上の諸問題　大蔵省印刷局

森川 すいめい（2016）. その島のひとたちは, ひとの話をきかない　青土社

諸井 克英（1987）. 大学生における孤独感と自己意識　実験社会心理学研究, *26*, 151-161.

毛利 衛（2012）. 宇宙から学ぶ　ユニバソロジのすすめ　岩波書店

室屋 和子・田渕 康子・熊谷 有記（2018）. 認知症の妻を看取り終えた男性介護者の心理と対処行動　日本看護研究学会第23回九州・沖縄地方会学術集会, 43.

室屋 和子・田渕 康子・熊谷 有記（2019）. 配偶者の看取りを終えた高齢女性の心理と対処　日本看護研究学会第45回学術集会, 314.

永田 良昭（1997）. 学童集団疎開の記録から「いじめ」問題を読む：太平洋戦争下の学童集団疎開の研究I：学童集団疎開経験における「いじめ」日本教育心理学会総会発表論文集, *39*, 275.

永田 良昭（1998）. 学童集団疎開の記録から「いじめ」問題を読む：太平洋戦争下の学童集団疎開の研究II：学童集団疎開経験における「いじめ」日本教育心理学会総会発表論文集, *40*, 185.

永田 良昭（1999）. 学童集団疎開の記録から「いじめ」問題を読む：太平洋戦争下の学童集団疎開の研究III：学童集団疎開経験における「いじめ」日本教育心理学会総会発表論文集, *41*, 704.

中西 信男（1959）. 反抗行動の発達的研究　教育心理学研究, *3*, 144-152.

中西 新太郎（2004）. 若者たちに何が起こっているのか　花伝社

中山 治（1988）. 「ぼかし」の心理——人見知り親和型文化と日本人　創元社

中山 万里子（2013）．いじめ経験およびいじめ対策への意識に関する調査：学生アンケートより 白鴎大学教育学部論集, 7, 143-188.

成田 義弘（2001）．若者の精神病理――ここ20年の特徴と変化　なだ いなだ（編）〈こころ〉の定点観測（岩波新書）岩波書店

Newcomb, T. M. (1952). Attitude development as a function of reference groups: Bennington study. In G. E. Swanson et al. (Eds.), *Readings in social psychology* (Rev. ed.). New York: Henry Holt.

Nielsen, M. (2006). Copying actions and copying outcomes: Social learning through the second year. *Developmental Psychology, 42*, 555-565.

野村 晴夫（2002）．高齢者の自己語りと自我同一性との関連――語りの構造的整合・一貫性に着目して　教育心理学研究, 50, 355-366.

大石 慎三郎（1995）．将軍と側用人の政治　講談社

岡 檀（2013）．生き心地の良い町――この自殺率の低さには理由がある　講談社

岡田 努（2007）．現代青年の心理学――若者の心の虚像と実像　世界思想社

岡本 浩一・蒲田 晶子（2006）．属人思考の心理学――組織風土改善の社会技術　組織の社会技術3　新曜社

Olesen, P., & Madsen, B. (2002). *Pårørende om demens : 25 danskere skriver om at være pårørende til en dement.* København, Danmark: Kroghs Forlag.（オーレスン, P.・マスン, B. 石黒 暢（訳）(2008). 高齢者の孤独：25人の高齢者が孤独について語る　新評論）

Organ, D. W. (1988). *Organizational citizenship behavior: The good soldier syndrome.* Lexington, MA: Lexington Book.

Osgood, N. J. (1992). *Suicide in later life: Recognizing the warning signs.* New York: Macmillan.（オズグッド, N. J. 野坂 秀雄（訳）(1994). 老人と自殺――老いを排除する社会　春秋社）

Osipow, S. H. (1976). A scale of educational-vocational undecidedness: A typological approach. *Journal of Vocational Behavior, 9*, 233-243.

Ouchi, W. G. (1981). *Theory Z: How American business can meet the Japanese challenge.* Reading, MA: Addison-Wesley.（オオウチ W. G. 徳山 二郎（監訳）(1981). セオリーZ：日本に学び, 日本を超える　CBS・ソニー出版）

朴 相俊・渡邉 直樹・Erminia Colucci・田口 学・瀧澤 透・岡田 真平・梅田 陽子（2014）．地域高齢者が日常で感じる「安心要因, 不安要因および解決法」に関する探索的研究　身体教育医学研究, 15, 7-14.

Pettigrew, T. F. (1998). Intergroup contact theory. *Annual Review of Psychology, 49*, 65-85.

Piliavin, J. A., Piliavin, I. M., Loewenton, E. P., McCauley, C., & Hammond, P.

(1969). On observers' reproductions of dissonance effects: The right answers for the wrong reasons? *Journal of Personality and Social Psychology, 13*, 98-106.

Plester, B., Richards, J., Blades, M., & Spencer, C. (2002). Young children's ability to use aerial photographs as maps. *Journal of Environmental Psychology, 22*, 29-47.

Riesman, D. (1961). *The lonely crowd; A study of the changing American character.* New Haven. CT: Yale University Press. (リースマン, D. 加藤 秀俊 (訳) (1964). 孤独な群衆　みすず書房)

Ritzer, G. (1996). *The Mcdonaldization of society* (2nd ed.). Thousand Oaks, CA: Pine Forge Press. (リッツア, G. 正岡 寛二 (監訳) (1999). マクドナルド化する社会　早稲田大学出版社)

Roberts, J. E., Gotlib, I. H., & Kassel, J. D. (1996). Adults attachment security and symptoms of depression: The mediating roles of dysfunctional attitudes and low self-esteem. *Journal of Personality and Social Psychology, 70*, 310-320.

Rogers, C. R. (1951). *Client-centered therapy: Its current practice, implications and theory.* Boston, MA: Houghton Mifflin.

Ryan, R. M., Stiller, J. D., & Lynch, J. H. (1994) Representations of relationships to teachers, parents, and friends as predictors of academic motivation and self-esteem. *The Journal of Early Adolescence, 14*, 226-249.

Sartre, J.-P. (1947). *Existentialisme.* New York: Philosophical Library. (サルトル, J.-P. 伊吹 武彦 (訳) (1968). 実存主義とは何か　サルトル全集13　人文書院)

Sartre, J.-P. (2013). *Qu'est-ce que la subjectivité* ? Paris: Les Prairies ordinaires. (サルトル, J.-P. 澤田 直・水野 浩二 (訳), (2015). 主体性とは何か？　白水社)

Sherif, M. (1936). *The psychology of social norms.* New York: Harper Collins.

Sherif, M., Harvey, O. J., White, B. J., Hood, W. R., & Sherif, C. W. (1961). *Intergroup conflict and cooperation: The Robbers Cave experiment.* Norman, OK: University of Oklahoma Book Exchange.

渋川 瑠衣・松下 姫歌 (2010). 大学生における自己の変動性・多面性の概念について――学生相談における臨床的理解と意義の視点から――　広島大学心理学研究, *10*, 171-183.

清水 和秋 (1990). 進路不決断尺度の構成――中学生について　関西大学社会学部紀要, *22*, 63-81.

下村 英雄 (2000). フリーターの職業意識　日本労働研究機構 (編) フリーター

の意識と実態——97人へのヒアリング結果より　日本労働研究機構

下山 晴彦 (1986). 大学生の職業未決定の研究. 教育心理学研究, *34*, 20-30.

白井 利明 (1997). 青年心理学の観点からみた「第二反抗期」心理科学, *19*, 9 -24.

Simmel, G. (1890). *Über sociale Differenzierung.* Leipzig: Duncker & Humblot.

Smith, Adam (1789). *An inquiry into the nature and causes of the wealth of nations* (5th ed.). London: Strahan. (アダム・スミス　大河内 一男 (監訳) (1978). 国富論 I　中央公論新社)

Snyder, M. (1974). The self-monitoring of expressive behavior. *Journal of Personality and Social Psychology, 30*, 526-537.

Snyder, M., & Monson, T. C. (1975). Persons, situations, and the control of social behavior. *Journal of Personality and Social Psychology, 32*, 637-644.

Steiner, I. D. (1972). *Group process and productivity.* New York: Academic Press.

Storr, A. (1988). *Solitude: A return to the self.* New York: Simon and Schuster. (ストー, A. 森 省二・吉野 要 (監訳) (1994). 孤独：自己への回帰　創元社)

Strauss, A. L. (1959). *Mirrors and masks: The search for identity.* New Brunswick, NJ: The Free Press. (ストラウス, A. L. 片桐 雅隆 (訳) (2001). 鏡と仮面——アイデンティティの社会心理学　世界思想社)

Stryker, S. (1980). *Symbolic interactionism: A social structural version.* Menlo Park, CA: Benjamin-Cummings Publishing.

杉山 成 (1995). 時間次元における諸自己像の関連からみた時間的展望　心理学研究, *66*, 283-287.

住田 正樹 (1995). 反抗しなくなった子どもたち　児童心理, *49*, 40-45.

Swann, W. B. Jr., & Hill, C. A. (1982). When our identities are mistaken: Reaffirming self-conceptions through social interaction. *Journal of Personality and Social Psychology, 43*, 59-66.

Symonds, P. M. (1951). *The ego and the self.* New York: Appleton.

立花 隆 (1985). 宇宙からの帰還　中央公論新社

Tajfel, H., & Turner, J. C. (1979). An integrative theory of intergroup conflict. In W. Austin, & S. Worchel (Eds.), *The social psychology of intergroup relations.* Monterey, CA: Brooks/ Cole.

Tajfel, H. (1978). *Differentiation between social groups.* London: Academic Press.

Tajfel, H., Billig, M. G., Bundy, R. P., & Flament, C. L. (1971). Social categorization and intergroup behavior. *European Journal of Social Psychology, 1*, 149-178.

田島 司 (2000). 態度の類似性の判断と対人魅力に及ぼす背景要因の対比効果 態度内容の身近さが与える影響:態度内容の身近さが与える影響 心理学研究, *71*, 345-350.

田島 司 (2010a). 自己概念の多面性と精神的健康との関係――女子大学生を対象とした調査 心理学研究, *81*, 523-528.

田島 司 (2010b). 自己概念の多面性と統合 日本社会心理学会第51回大会発表論文集, 368.

田島 司 (2011). 大学生のアルバイトにおける役割形成の経験が主体性の自覚と自己の社会的定位に与える影響 北九州市立大学文学部紀要 人間関係学科, *18*, 29-34.

田島 司 (2017). イヌ好きとネコ好きのパーソナリティの特徴――パーソナリティの多面性とペットのパーソナリティとの類似性について パーソナリティ研究, *26*, 109-120.

田島 司 (2018).「心理テスト」を面白いと思う理由について 日本心理学会第82回大会発表論文集, 62.

田島 司 (2019). 自己の多面性と一貫性が併存した重層性について 日本社会心理学会第60回大会発表論文集, 288.

高田 利武 (1974). 社会的比較過程についての基礎的研究Ⅰ 実験社会心理学研究, *14*, 132-138.

高木 浩人 (2006). 大学生の自己開示と孤独感の関係 愛知学院大学心身科学部紀要, *2*, 53-59.

高石 恭子 (2000). ユース・カルチャーの現在 小林 哲郎・高石 恭子・杉原 保史 (編) 大学生がカウンセリングを求めるとき――こころのキャンパスガイド ミネルヴァ書店

高石 恭子 (2009). 現代学生のこころの育ちと高等教育に求められるこれからの学生支援 京都大学高等教育研究, *15*, 79-88.

高野 清純 (1986). 現代っ子のいじめ 高野 清純 (編) いじめのメカニズム 教育出版

竹内 洋 (2015). 立志・苦学・出世 受験生の社会史 講談社

竹内 由美 (2011). 大学生の友人関係における自己開示と孤独感の関係 心理相談センター年報, *6*, 15-22.

田中 堅一郎 (2002). 日本版組織市民行動尺度の研究 産業・組織心理学研究, *15*, 77-88.

田中 堅一郎・林 洋一郎・大渕 憲一 (1998). 組織シチズンシップ行動とその

規定要因についての研究　経営行動科学, *12*, 125-144

田中 辰雄・浜屋 敏 (2019). ネットは社会を分断しない (KADOKAWA) 角川書店

Taylor, S. E., Neter, E., & Wayment, H. A. (1995). Self-evaluation processes. *Personality and Social Psychology Bulletin, 21*, 1278-1287.

Tesser, A., & Campbell, J. L. (1982). Self-evaluation maintenance and the perception of friends and strangers. *Journal of Personality, 50*, 261-279.

Toffler, A. (1970). *Future shock.* New York: Random House. (トフラー, A. 徳山 二郎 ((訳) (1971). 未来の衝撃　実業之日本社)

鳥居 修晃 (1976). 開眼手術後の色彩視の成立　日本色彩学会誌, *2*, 33-37.

恒吉 僚子 (1992). 人間形成の日米比較　中央公論新社

Turkle, S. (1995). *Life on the screen. Identity in the age of the age of internet.* New York: Touchstone. (タークル, S. 日暮 雅道 (訳) (1998). 接続された心　早川書房)

Turner, J. C. (1987). *Rediscovering the social group: A self-categorization theory.* New York: Basil Blackwell.

Turner, R. H. (1962). Role-taking: process versus conformity. In A. M. Rose (Ed.), *Human behavior and social processes: An interactionist approach.* London: Routledge & Kegan Paul.

Turner, R. H. (1976). The real self: From institution to impulse. *American Journal of Sociology, 5*, 989-1016.

Turner, R. H. (1978). The role and the person. *American Journal of Sociology, 84*, 1-23.

Turner, R. H., & Schutte, J. (1981). The true self method for studying the self-conception. *Symbolic Interaction, 4*, 1-20.

Twenge, J. M., Baumeister, R. F., DeWall, C. N., Ciarocco, N. J., & Bartels, J. M. (2007). Social exclusion decreases prosocial behavior. *Journal of Personality and Social Psychology, 92*, 56-66.

梅津 入三・鳥居 修晃・上村 保子 (1987). 開眼手術後の初期段階における早期失明者の信号系活動 基礎心理学研究, *6*, 67-78.

浦 光博 (2014). 孤立を生み出す社会から互いに支え合う社会へ──新たなサポートシステムの構築に向けて　大橋 謙策 (編) ケアとコミュニティ──福祉・地域・まちづくり (講座ケア　新たな人間──社会像に向けて, 第2巻)　ミネルヴァ書房

若松 養亮 (2001). 大学生の進路未決定者が抱える困難さについて──教員養成学部の学生を対象に　教育心理学研究, *49*, 209-218.

若松 養亮 (2010). 大学生の進路意思決定における適合の判断　日本教育心

理学会総会発表論文集, *52*, 292.

Wallon, H.（1956）. *Les étapes de la personnalité chez l'enfant. Le problème des stades en psychologie de l'enfant.* Paris: Presses Universitaires de France.（ワロン, H. 浜田 寿美男（訳）（1983）. 身体・自我・社会：子どものうけとる世界と子どもの働きかける世界　ミネルヴァ書房）

Weizsäcker, V., von（1950）. *Der Gestaltkreis. Theorie der Einheit von Wahrnehmen und Bewegen*（4. Aufl.）. Stuttgart: Georg Thieme Verlag.（ヴァイツゼカー, V. 木村 敏・濱中 淑彦（訳）（1995）. ゲシュタルトクライス──知覚と運動の人間学　みすず書房）

Worchel, S., & Brehm, J. W.（1970）. Effect of threats to attitudinal freedom as a function of agreement with the communicator. *Journal of Personality and Social Psychology, 14*, 18-22.

山田 洋子（1982）. 0 ～ 2 歳における要求─拒否と自己の発達　教育心理学研究, *30*, 128-138.

やまだ ようこ（2001）. 人生を物語ることの意味──なぜライフストーリー研究か？　教育心理学年報, *39*, 146-161.

山口 智子（2004）. 人生語りの発達臨床心理　ナカニシヤ出版

山口 勧（1982）. 自己知覚と自己帰属　心理学評論, *25*, 263-277.

Yamaguchi, S., Greenwald, A. G., Banaji, M. R., Murakami, F., Chen, D., Shiomura, K., Kobayashi, C., Cai, H., & Krendl, A.（2007）. Apparent universality of positive implicit self-esteem. *Psychological Science, 18*, 498-500.

吉田 琢哉・高井 次郎（2008）. 期待に応じた自己認知の変容と精神的健康との関連：自己概念の分化モデル再考　実験社会心理学研究, *47*, 118-133.

Young, M.（1958）. *The rise of the meritocracy 1870-2033: An essay on education and equality.* London: Thames and Hudson.（ヤング, M. 窪田 鎮夫・山元 卯一郎（訳）（1982）. メリトクラシー　至誠堂）

全国社会福祉協議会（2018）.（ボランティア人数の現況及び推移（30年 3 月）https://www.zcwvc.net/app/download

Zimbardo, P. G.（2007）. *Lucifer effect :Understanding how good people turn evil.* New York: Random House.（ジンバルド, P. G. 鬼澤 忍・中山 宥（訳）（2015）. ルシファー・エフェクト　ふつうの人が悪魔に変わるとき　海と月社）

索　引
事項索引

人名索引

著者紹介

田島　司（たじま・つかさ）

北九州市立大学文学部教授。

学習院大学人文科学研究科博士後期課程単位修得退学。

博士（心理学）。

専門は社会心理学。

主著に『現代社会を社会心理学で読む』（分担執筆　ナカニシヤ出版
2009），『社会心理学のストーリー―無人島から現代社会まで』（ナカニシ
ヤ出版　2012）がある。

自分というジレンマ
批判・反抗・反問する私たちの射影

2020年10月31日　　初版第1刷発行　　　　　　定価はカヴァーに
　　　　　　　　　　　　　　　　　　　　　　表示してあります
　　　　　　　　著　者　田島　司
　　　　　　　　発行者　中西　良
　　　　　　　　発行所　株式会社ナカニシヤ出版
　　　　　　　〒606-8161　京都市左京区一乗寺木ノ本町15番地
　　　　　　　　　　　　　Telephone　　075-723-0111
　　　　　　　　　　　　　Facsimile　　075-723-0095
　　　　　　　　　Website　http://www.nakanishiya.co.jp/
　　　　　　　　　Email　　iihon-ippai@nakanishiya.co.jp
　　　　　　　　　　　　　郵便振替　01030-0-13128

装幀＝白沢　正／印刷・製本＝西濃印刷株式会社
Copyright © 2020 by T. TAJIMA
Printed in Japan
ISBN978-4-7795-1505-7 C3011